Spieß/Lichtenstein · Das Unternehmen Tannenberg

Alfred Spieß/Heiner Lichtenstein

Das Unternehmen Tannenberg

Mit einem Vorwort
von Robert M. W. Kempner

Limes Verlag

Satz: Bauer & Bökeler KG, Denkendorf
Druck und Bindung: Carl Überreuther, Wien
Umschlaggestaltung: Klaus Neumann, Wiesbaden
Karten: Hansherbert Buschhüter, Brannenburg
Printed in Austria
ISBN 3-8090-2157-1

Vorwort

Dieses Buch ist von großer historischer Bedeutung. Es beweist zum ersten Male durch Zeugenaussagen, wie Hitler durch eine von ihm befohlene Aktion mit Hilfe von Himmler, Heydrich und anderen einen Vorwand zum Überfall auf Polen fabriziert und dadurch den Zweiten Weltkrieg ausgelöst hat. Um verbrecherische Angriffskriege vor dem Ausland und dem deutschen Volke zu rechtfertigen, hat das nationalsozialistische Regime mehrfach Vorwände mit Hilfe des Reichssicherheitshauptamtes und des Ribbentropschen Auswärtigen Amtes geschaffen. Bei beiden Behörden gab es dafür Spezialisten.

Die Einverleibung Danzigs im Jahre 1939 wurde beispielsweise damit begründet, der Freistaat Danzig habe seine Neutralitätsverpflichtung verletzt. Als »Beweis« für diese Behauptung, so ließ Goebbels verkünden, sei das Auffinden von Waffenlagern anzusehen. In Wirklichkeit hatte ein Beamter des Auswärtigen Amtes zusammen mit anderen Dienststellen Waffen in das Freistaatsgebiet gebracht und dort an einer geheimen Stelle versteckt. Nach der Aktion, die später »entdeckt« wurde, telegrafierte er an das Auswärtige Amt: »Das Auffinden der Waffenlager ist bereits gesichert.« Ein anderer konstruierter Vorwand, um im Jahre 1940 die Neutralität Hollands anzweifeln zu können, wurde an der deutsch-holländischen Grenze bei Venlo inszeniert.

Zwei britische Geheimdienstbeamte wurden gewaltsam in das Reich verschleppt, ein holländischer Hauptmann dabei getötet und den Beamten Dokumente unterschoben, die eine angebliche Verletzung der holländischen Neutralität beweisen sollten. Auch die stufenweise Besetzung der Tschechoslowakei wurde mit Hilfe von Provokationen und Vorwänden ausgelöst. Im Sudetenland wurden dabei Angehörige der Henlein-Partei benutzt. In der Slowakei ließen Abgesandte aus Berlin Autos mit deutschen Nummernschildern in Flammen aufgehen, um damit angebliche slowakische Anschläge auf deutsches Eigentum zu »beweisen«. Diese Aktionen »rechtfertigten« den Einmarsch. Der Vorwand, der in diesem Buch geschildert wird, war der furchtbarste in der Kette von Lügen, weil er den Zweiten Weltkrieg auslöste.
Seine Darstellung durch Zeugenaussagen, meist vor deutschen Behörden, beweist dem Leser aber auch die Wichtigkeit von gerichtlichen Ermittlungen und Prozessen für die Geschichte. Justizgeschichte, oft vernachlässigt, ist ein bedeutender Teil der Weltgeschichte. In der Tat: Ohne die großen Prozesse, man denke an den des Sokrates, an den Prozeß des Jesus von Nazareth, an die Prozesse des Mittelalters, an die Nürnberger Prozesse, gäbe es keine Weltgeschichte. Sie haben, im Gegensatz zu Legenden, ein ungeheures Material zu Tage gefördert, das von den Historikern aufbereitet werden konnte. In den Nürnberger Prozessen kam das sogenannte Hoßbach-Protokoll zu Tage, den Beweis führend, daß Hitler bereits am 5. November 1937 seine Pläne für Angriffskriege entwickelt hatte. Auch das Protokoll der Wannsee-Konferenz vom 20. Januar 1942 über die »Endlösung

der Judenfrage«, von Eichmann dem Auswärtigen Amt übersandt, gelangte durch den Wilhelmstraßenprozeß in Nürnberg zur Kenntnis der Historiker und der Welt. Die Zeugenaussagen des ungarischen Reichsverwesers Horthy, von Göring, Ribbentrop, Hans Frank oder Alfred Rosenberg, dienen Historikern, Schriftstellern und Medien als Material. Der große Frankfurter Auschwitzprozeß oder der Majdanek-Prozeß eröffnen Lehre und Wissenschaft wichtige Perspektiven für die Zeitgeschichte.
So spannt sich in diesem Buche ein großer Bogen von den Aussagen der Attentäter und anderer Beteiligter beim Überfall auf den Gleiwitzer Sender, das Zollhaus Hochlinden und das Forsthaus bei Pitschen bis zu Hitlers Eroberungsplänen und der tatsächlichen Auslösung des Zweiten Weltkrieges. Die Kette der Vorwände zur »Rechtfertigung« von Verbrechen des Hitler-Regimes reicht vom Reichstagsbrand im Jahre 1933 bis zum Ende des Dritten Reiches.

Dr. Robert M. W. Kempner,
Lansdowne, Pa., USA im Juni 1979

Vorbemerkung

»Ich werde propagandistischen Anlaß zur Auslösung des Krieges geben, gleichgültig, ob glaubhaft. Der Sieger wird später nicht danach gefragt, ob er die Wahrheit gesagt hat oder nicht.«

Mit diesen an Deutlichkeit kaum zu überbietenden Sätzen stellte Adolf Hitler am 22. August 1939 die auf dem Obersalzberg versammelten Höheren Befehlshaber der Wehrmacht vor die Tatsache, daß er nun endgültig zum Krieg entschlossen war.

Am Morgen des 1. Septembers 1939 hatte er diesen »propagandistischen Anlaß« geschaffen. Vor den Mitgliedern des Deutschen Reichstages log er an jenem Tage: »... Polen hat heute nacht zum ersten Mal auf unserem Territorium auch durch reguläre Soldaten geschossen. Seit 5.45 Uhr wird jetzt zurückgeschossen.« Hitler sprach von insgesamt vierzehn Grenzzwischenfällen während der vergangenen Nacht. In drei Fällen habe es sich um besonders schwere Konflikte gehandelt. Diese drei von Hitler veranlaßten Provokationen sind Thema der vorliegenden Arbeit.

Im *Völkischen Beobachter*, der Zeitung der NSDAP, wurde an jenem 1. September 1939 nur von polnischen Aufständischen sowie von Angehörigen des »polnischen Freiwilligenkorps oberschlesischer Aufständischer« berichtet. Die Insurgenten seien gefangengenommen, einer getötet worden. Beweise für diese Behauptungen wurden

nie geliefert. In der Presse erschienen weder Bilder noch Namen der »Insurgenten«.
Die Zeitungen beschränkten sich vielmehr darauf, die »polnischen Herausforderungen« anzuprangern. Namentlich genannt wurden der Rundfunksender Gleiwitz, ein Zollhaus namens Hochlinden im Kreise Ratibor sowie ein Forsthaus bei Pitschen im oberschlesischen Kreis Kreuzberg. Besonders intensiv beschäftigte sich die gleichgeschaltete Presse mit dem deutschen Rundfunksender Gleiwitz. Die Monatsschrift *Das Archiv* stellte in der Ausgabe vom Oktober 1939 fest: »Besonders schwerwiegend war der Überfall polnischer Aufständischer und Soldaten auf den Sender Gleiwitz.«
Und das Auswärtige Amt erklärte in seinem *Weißbuch II* nach dem Überfall auf Polen (*Dokumente zur Vorgeschichte des Krieges*, 1939): »... Die Aufständischen wurden durch deutsche Grenzschutzbeamte vertrieben. Bei der Abwehr wurde ein Aufständischer tödlich verletzt.« Dieser »Aufständische« wurde aber nicht durch Grenzschutzbeamte tödlich verletzt, sondern am Gleiwitzer Sender durch Deutsche ermordet. Er war der erste Tote des Zweiten Weltkriegs. Sein Name: Franz Honiok.
Insgesamt beschränkten sich die Führung des NS-Staates sowie deren Propaganda auf allgemeine Anschuldigungen. Klarstellende Einzelheiten über den Hergang der »Überfälle« unterblieben ebenso, wie der Name des Toten verschwiegen wurde.
Als *Das Archiv* und das *Weißbuch II* erschienen, war der Krieg mit Polen bereits beendet. Die Provokationen im deutsch-polnischen Grenzgebiet interessierten kaum noch. Das änderte sich erst nach der deutschen Niederla-

ge. Zum erstenmal nach dem Herbst des Jahres 1939 kamen die »Überfälle« vor dem Internationalen Militärgerichtshof in Nürnberg wieder zur Sprache. Das war im Prozeß gegen die Hauptkriegsverbrecher zwischen Ende 1945 und Ende 1946. Danach nahm sich die historische Forschung des Themas an, und 1963 schließlich wurden die Provokationen Gegenstand eines Ermittlungsverfahrens der Staatsanwaltschaft, zuerst in Hamburg, nach dem Tod eines Hauptverdächtigen im Jahre 1966 dann in Düsseldorf. Inzwischen stand fest, daß es sich bei den »drei besonders schweren Grenzzwischenfällen« um deutsche Scheinüberfälle gehandelt hatte.

Das Tätigwerden der Staatsanwaltschaften wurde erforderlich, weil bei den Scheinüberfällen offenbar Menschen getötet worden waren. Diese Tötungen standen aber nicht in Zusammenhang mit Kriegshandlungen, so daß Mord oder Beihilfe zu einem Tötungsdelikt in Betracht kamen. Unklarheit bestand zunächst über die Herkunft jenes einen Opfers, das am Sender Gleiwitz umgekommen war. Auch andere Zusammenhänge und Hintergründe lagen im Dunklen. Man wußte sehr wenig von Toten an anderen Überfallsorten. Es gab freilich Anlaß anzunehmen, daß zumindest bei dem Überfall auf das Zollhaus Hochlinden Menschen getötet worden waren, um eine Aktion polnischer Insurgenten vorzutäuschen.

Die vorliegende Arbeit soll ein dokumentarisches Bild jener Scheinüberfälle vermitteln, die vom NS-Staat inszeniert worden sind, um der Öffentlichkeit einen Anlaß für den Zweiten Weltkrieg vorweisen zu können. Zur Klärung der Zusammenhänge und Querverbindungen haben die staatsanwaltschaftlichen Ermittlungen wesentlich beigetragen. Die Aussagen stammen von Leuten, die an den Überfällen beteiligt waren, sowie von Zeugen. Um ein möglichst geschlossenes Bild zu zeichnen, bleiben Randfragen außer Betracht. Bei ihnen handelt es sich unter anderem um voneinander abweichende Ortsbezeichnungen, um Kenntnisse Unbeteiligter sowie um Dokumentationshinweise. Sie sind in dem aufgezeigten Zusammenhang für die historische Betrachtung nicht von wesentlicher Bedeutung.

Aus diesem Grunde werden auch kleinere Ungenauigkeiten in den zitierten Aussagen hingenommen.

Personen der Zeitgeschichte werden beim Namen genannt. In allen anderen Fällen genügen Abkürzungen.

Nachdem die Ermittlungen bei der Staatsanwaltschaft Düsseldorf abgeschlossen worden waren, ging die Zuständigkeit auf die Staatsanwaltschaft beim Kammergericht Berlin über. Bei ihr werden die Vorgänge zu dem Verfahrenskomplex Reichssicherheitshauptamt (RSHA) geführt. Sie hat die Ermittlungsakten wegen der Bedeutung einer wahrheitsgemäßen Unterrichtung der Öffentlichkeit über »Das Unternehmen Tannenberg« den Verfassern zur Verfügung gestellt. Wir sprechen dafür unseren besonderen Dank aus.

Hilden und Köln im Juni 1979
Alfred Spieß
Heiner Lichtenstein

I. »Der Führer braucht einen Kriegsgrund«

Planung und Vorbereitung der Scheinüberfälle

1. Anordnung durch Hitler – Erörterungen mit Himmler und Heydrich

Bei der Bedeutung, die den Überfällen als »propagandistischer Anlaß zur Auslösung des Krieges« nach Hitlers eigenen Worten zukommen sollte, steht es außer Frage, daß er selbst dazu die grundsätzlichen Vorstellungen entwickelt hat. Alles weitere wurde dem Reichsführer SS und Chef der Deutschen Polizei, Heinrich Himmler, sowie dem ihm unterstellten Chef der Sicherheitspolizei und des Sicherheitsdienstes (SD), SS-Gruppenführer Reinhard Heydrich, übertragen. Beide sind tot. Himmler endete durch Selbstmord am 23. 5. 1945 in Lüneburg. Heydrich kam bei einem Attentat am 5. 6. 1942 in Prag zu Tode.

Daß Himmler und Heydrich die ihnen von Hitler übertragenen Aufgaben übernommen haben, ergibt sich eindeutig aus den Schilderungen des früheren SS-Oberführers Dr. Herbert Mehlhorn sowie des damaligen Leiters der Gestapostelle Oppeln, SS-Sturmbannführer Emanuel Schaefer. Schaefer und Mehlhorn sind nach dem Krieg gestorben.

Mehlhorn hat im Jahr 1953 zu den Vorgängen Stellung genommen. Seine Aufzeichnungen sind überschrieben: *Der Fall Tannenberg*. Später hat er versichert, daß es sich um eine wahrheitsgemäße Darstellung handle. Er wolle zur Klärung der historischen Vorgänge beitragen.

Mehlhorn wurde Anfang August 1939 aus der Slowakei nach Berlin beordert. Von seiner Begegnung mit Heydrich berichtet er unter anderm:

»Als ich mich aus der Slowakei kommend bei Heydrich in Berlin meldete, erklärte dieser mir, dass auf Befehl des Führers Grenzzwischenfälle an der deutsch-polnischen Grenze vorgetäuscht werden sollten.
Ich habe, fast instinktiv handelnd, Heydrich sofort darauf hingewiesen, dass dieser Plan eine Verantwortung aufwerfe, die im Interesse des deutschen Ansehens vor der Geschichte nicht zu tragen sei. Ich habe ihn weiterhin darauf hingewiesen, dass aber auch die Durchführung dieses Planes nicht seine, sondern ausschliesslich Aufgabe der Wehrmacht sei, die bis dahin stets eifersüchtig darauf bedacht war, sämtliche Aktionen an den Grenzen und ausserhalb des Reiches in eigener Zuständigkeit durchzuführen. Heydrich erklärte, es handele sich um einen Führerbefehl, gegen den es keine irgendwie gearteten Erwägungen gäbe. Als er mir Einzelheiten der Planung mitteilte, die ausser dem angeblichen Überfall auf den Sender Gleiwitz, den Einfall einer ›polnischen‹ Kompanie bei Ratibor und den Überfall eines Insurgentenhaufens bei Kreuzburg vorsah, legte ich ihm sofort dar, dass so grossangelegte Aktionen mit einem Masseneinsatz von Mitspielern und mit der Zeugenschaft grosser Bevölkerungsteile ausgesprochener Unsinn seien, weil das nachträgliche Bekanntwerden unvermeidlich sei und damit der von mir befürchtete Fleck auf dem deutschen Ansehen haften bleiben müsse.
Offensichtlich hatte Heydrich beabsichtigt, mich mit der allgemeinen Leitung der gesamten Aktion zu beauftragen. Als er jedoch meinen Widerstand gegen das geplante Vorgehen bemerkte, sah er hiervon ab und

schränkte meinen Auftrag dahin ein, dass ich nur die Planung der Aktionen Hochlinden und Pitschen, – letztere Aktion wurde damals Kreuzburg genannt –, überprüfen und überwachen sollte. Heydrich erklärte mir, mein Einsatz bezwecke auch nur, einen ›generalstabsmässigen Bedenkenrat‹ zu haben, der Pannen verhindern sollte. Er behielt sich ausdrücklich die gesamte Befehlsgebung und die Unterrichtung der für die einzelnen Unternehmungsteile vorgesehenen Führer persönlich vor.«

Mehlhorns Darstellung wird durch Erklärungen Schaefers bestätigt:

»Anfang August 1939 sass ich in meinem Dienstzimmer am Schreibtisch, als der Hauptsturmführer Neumann anrief und mir mitteilte, ich solle am nächsten Tage allein, das heisst, ohne Fahrer, in Zivil, mich mit meinem Pkw zum Feldflughafen Neustadt/Oberschlesien begeben. Dort erwarte mich um 18.00 Uhr Heydrich. Eine Nachfrage meinerseits hatte ergeben, dass es sich bei Neumann um den Adjutanten von Heydrich handelte. Ich bin bei dem Telefongespräch auch gebeten worden, die Sache für mich zu behalten, weil es sich um eine geheime Reichssache handele.
Am nächsten Nachmittag bin ich nach Neustadt gefahren und sah auf dem Flugplatz eine Baukompanie bei der Arbeit. Ich habe den Verantwortlichen dieser Kompanie und später auch den Flugplatzkommandanten gefragt, ob ein Flugzeug gemeldet sei, was verneint wurde.

Schliesslich sah ich aber eine Ju 52 zur Landung ansetzen. Nachdem sie ausgerollt hatte, bin ich zur Maschine gegangen und habe dann Heydrich, Obersturmbannführer Hellwig und den Hauptsturmführer Neumann aussteigen sehen.
Ich erinnere mich noch genau, wie Heydrich seine Aktentasche und seinen Mantel auf eine der Tragflächen legte und mir sagte, ›Der Führer braucht einen Kriegsgrund‹. Ich habe daraufhin ein sehr erstauntes Gesicht gemacht, woraufhin Heydrich mir entgegnete ›beruhigen Sie sich, Sie haben gar nichts damit zu tun. Wo können wir darüber reden?‹ Ich habe daraufhin vorgeschlagen, zum Haus Oberschlesien in Gleiwitz zu fahren. Im Haus Oberschlesien haben die obenerwähnten Personen Quartier genommen. In der Tanzbar des Hotels ist dann am Abend folgendes erörtert worden:
Heydrich erwähnte zunächst wieder, dass der Führer einen Kriegsgrund brauche, um die Ostgrenze zu bereinigen. Heydrich erwähnte ferner, dass der Führer, Himmler und er folgenden Plan erörtert hätten: Von Polen aus sollte mit Deutschen ein fingierter Angriff polnischer Verbände gegen das deutsche Reichsgebiet vorgetragen werden. Es seien zwei Unternehmen gedacht, einmal mit einer Einheit in Kompaniestärke und zum anderen mit dem Verband in der Stärke eines Zuges.
Ausserdem war noch ein fingierter Angriff auf den Sender Gleiwitz und auf ein Forsthaus an der Grenze in der Nähe von Rosenberg geplant.
Mir hatte man zugedacht, dass ich bei Auslösung der Aktion die Grenzpolizei zurückziehe, damit es keine

Zusammenstösse mit dieser gab. Die Grenzpolizei war mir wenige Monate zuvor unterstellt worden. Vor der Verabschiedung hatte Heydrich mir noch mitgeteilt, dass ich von ihm noch hören werde und dass er sich mit Himmler die örtlichen Gegebenheiten in Oberschlesien ansehen werde.«

Der SS-Obersturmbannführer Otto Hellwig, den Schaefer nennt, sollte bei den geplanten Aktionen ein Kommando führen. Hellwig wurde später Generalleutnant der Polizei und ist 1962 gestorben. Hellwig hat (1952) ebenso wie Heydrichs Adjutant bestätigt, daß man sich im Hotel »Haus Oberschlesien« in Gleiwitz zu einer Besprechung getroffen habe. Danach sei man noch an die Grenze gefahren, um geeignete Orte für die Überfälle zu finden. Am Zollhaus Hochlinden sei die Besuchergruppe laut Hellwig bis an die Grenze geführt worden. Dort habe man mit den Zollbeamten gesprochen. Alle Beteiligten seien uniformiert und von der polnischen Seite aus gut erkennbar gewesen. Bei den Zollbeamten habe die Art der Besichtigung den Eindruck erwecken müssen, es handle sich um eine mysteriöse Angelegenheit.

2. Einführungsbesprechung in Berlin am 8. August 1939

In Berlin gab es mehrere Besprechungen unter dem Vorsitz Heydrichs. Hierbei wurden die Einzelheiten für die Vorbereitung und die Scheinüberfälle festgelegt.
An der ersten Besprechung am 8. August 1939 nahmen vom Hauptamt Sicherheitspolizei und vom SD neben Heydrich und dessen Chefadjutanten Polizeihauptmann Pomme noch der damalige SS-Oberführer (später Gruppenführer) und Leiter des Amtes Gestapo im Hauptamt Sicherheitspolizei, Heinrich Müller, sowie Mehlhorn teil. Hinzu kamen einige namentlich nicht näher bezeichnete SS-Offiziere des Hauptamtes Sicherheitspolizei. Sie wurden für besondere Aufgaben wie zum Beispiel die Beschaffung von Kraftfahrzeugen benötigt. Pomme ist nach dem Krieg gestorben.
Hinzugezogen wurden außerdem der SS-Obersturmbannführer Hellwig (Kommandant der Führerschule der Sicherheitspolizei in Berlin-Charlottenburg) sowie die SS-Standartenführer Dr. Hans Trummler (Kommandeur der Grenzpolizeischule Pretsch) und Dr. Dr. Otto Rasch, der vorher Leiter der Gestapo in Linz gewesen war. Trummler, zuletzt SS-Oberführer, ist nach dem Krieg durch ein amerikanisches Militärgericht zum Tode verurteilt und am 20. Oktober 1948 in Landsberg hingerichtet worden. Rasch, zuletzt SS-Brigadeführer, ist am 1. November 1948 gestorben.
Nach den Darlegungen Hellwigs machte Heydrich alle

Teilnehmer der Besprechung darauf aufmerksam, daß sie für ein Unternehmen bestimmt seien, über das sie mit niemandem reden dürften. Heydrich sei danach auf die allgemeine politische Lage eingegangen und habe festgestellt, man müsse für den Fall, daß Polen keinen Übergriff liefere, darauf vorbereitet sein, diesen selbst vorzutäuschen.

Mehlhorn, dem während seines ersten Gesprächs mit Heydrich befohlen worden war, sich »an Ort und Stelle die Gegebenheiten anzusehen«, wiederholte bei der Besprechung am 8. August 1939 seine bereits früher gemachten Einwände:

> »Ich habe diese Bedenken bei einer ersten allgemeinen Sitzung der Teilnehmer, zu der ich nach Berlin gerufen wurde, nochmals zu Gehör sämtlicher Beteiligter in aller Offenheit zum Ausdruck gebracht, habe insbesondere nochmals auf die historischen Bedenken hingewiesen und meine Bedenken im einzelnen begründet. Heydrich reagierte praktisch überhaupt nicht. Ich überreichte ihm hierauf ein handschriftliches Schriftstück, in dem ich meine Kritik mit der gleichen Offenheit niedergelegt hatte. Dieses Schriftstück legte Heydrich ungelesen zur Seite und erklärte in einer bedrohlichen zweideutigen Form, das werde zu den Akten genommen. Im übrigen brachte er zum Ausdruck, daß diese sämtlichen Bedenken unerheblich seien und das Vorliegen eines Führerbefehls ausschlaggebend sei.«

Mit dieser Erklärung hat Heydrich letztlich sämtliche

Einwände vom Tisch gewischt. Wegen der verordneten strengen Geheimhaltung konnte zudem niemand anderswo Unterstützung für seine von Heydrichs Plänen abweichende Auffassung suchen.
Nach Hellwig ist sodann über die Aufstellung einer kampfstarken Kompanie gesprochen worden. Ihre Aufgabe sollte es sein – wenn nötig – den beabsichtigten Täuschungsangriff vom polnischen Hoheitsgebiet aus zu führen. Es sei an etwa 250 Mann gedacht worden – SS-Männer mittleren Alters, soldatisch vorgeschult und der polnischen Sprache mächtig. Ihm, Hellwig, sei die Ausbildung jener SS-Leute übertragen worden, während die Leitung der gesamten Aktion zunächst bei Mehlhorn hätte liegen sollen.
Außerdem ist nach der Schilderung Hellwigs für die Aktion der Deckname »Tannenberg« festgelegt worden.
Wie man auf diese Tarnbezeichnung gekommen ist, darüber gibt es keine Erkenntnisse. Es darf freilich angenommen werden, daß hier ein zeitlicher Bezug zu der großen Einkreisungsschlacht des Ersten Weltkrieges in der Nähe des ostpreußischen Ortes Tannenberg hergestellt werden sollte. Dort siegte das deutsche Heer zwischen dem 26. und 30. August 1914 über eine russische Armee. Gleichfalls für die letzten Augusttage war aber auch die Auslösung des Zweiten Weltkrieges von Hitler vorgesehen.
Daneben bot sich »Tannenberg« aber auch aus Tarngründen an, weil im Falle eines Verrats für Dritte damit eine Aktion in Ostpreußen und nicht in Schlesien in Betracht kam.

3. Allgemeine Planungsbesprechung in Berlin, Festlegung der Überfallorte, Kommandoführer, Taktik

Wenige Tage nach dem 8. August 1938 wurden in einer weiteren Besprechung bereits Planungen im Detail festgelegt. Spätestens zu diesem Zeitpunkt war der Kreis der Teilnehmer erweitert worden, und zwar um den damaligen SS-Sturmbannführer Alfred Helmut Naujocks. Im SD-Hauptamt war er im Auslands-Nachrichtendienst tätig. Naujocks ist am 4. April 1966 in Hamburg gestorben.

Kurz vor jener Besprechung hatte Heydrich Naujocks nach Berlin befohlen, um mit ihm über die Aufgaben zu sprechen, die er übernehmen sollte. In einer eidesstattlichen Erklärung vor dem Internationalen Militärgerichtshof in Nürnberg hat Naujocks im Jahr 1945 berichtet:

> »Ungefähr am 10. August 1939 befahl mir Heydrich, der Chef Sipo und des SD persoenlich, einen Anschlag auf die Radiostation bei Gleiwitz in der Naehe der polnischen Grenze vorzutaeuschen und es so erscheinen zu lassen, als waeren Polen die Angreifer gewesen. Heydrich sagte: ›Ein tatsaechlicher Beweis fuer polnische Uebergriffe ist fuer die Auslandspresse und fuer die deutsche Propaganda noetig.‹ Mir wurde befohlen, mit 5 oder 6 andern SD Maennern nach Gleiwitz zu fahren, bis ich das Schluesselwort von Heydrich erhielt, dass der Anschlag zu unternehmen sei. Mein Be-

fehl lautete, mich der Radiostation zu bemaechtigen und sie so lange zu halten als noetig ist, um einem polnisch-sprechenden Deutschen die Moeglichkeit zu geben, eine polnische Ansprache ueber das Radio zu halten. Dieser polnisch-sprechende Deutsche wurde mir zur Verfuegung gestellt.
Heydrich sagte, dass es in der Rede heissen solle, dass die Zeit fuer eine Auseinandersetzung zwischen Polen und Deutschen gekommen sei, und dass die Polen sich zusammentun und jeden Deutschen, der ihnen Widerstand leistet, niederschlagen sollten. Heydrich sagte mir damals auch, dass er Deutschlands Angriff auf Polen in wenigen Tagen erwartete.«

Was den Überfall im einzelnen angeht, so will Naujocks, wie er später bekundet hat, von Heydrich nur allgemeine Anweisungen sowie das Stichwort für den Beginn des Überfalls bekommen haben.

»Heydrich hat mir praktisch insofern den Rahmen gestellt, als er sagte: 1. Zu dieser Geschichte haben Sie sich mit keiner deutschen Behörde in Gleiwitz in Verbindung zu setzen. 2. Niemand von Ihnen hat irgendwelche Ausweise bei sich zu führen, die auf Zugehörigkeit zur SS, SD, Polizei oder deutsche Reichsangehörigkeit hinweisen könnten. Richten Sie die Aktion so ein, dass die deutschen Behörden auf Ihre Aktion ganz normal reagieren. Dabei können wir gleichzeitig mal feststellen, wie lange es dauert, bis die Sicherheitsorgane aktiv werden. ›Grossmutter gestorben‹ war das Stichwort für die Auslösung der Aktion.«

Bei der allgemeinen Planungsbesprechung gab Heydrich den mit Naujocks erörterten Handstreich auf den Sender Gleiwitz bekannt. Er teilte außerdem mit, als weitere Überfallorte seien das deutsche Zollhaus bei Hochlinden sowie ein Grenzort im Kreise Kreuzburg vorgesehen. In beiden Fällen sollten Aktionen polnischer Einheiten vorgetäuscht werden.

Das Zollhaus und der Grenzort waren geschickt ausgewählt worden. Das neue Zollhaus Hochlinden war erst im Sommer 1939 bezugsfertig geworden. Es lag abseits des Dorfes und unmittelbar an der Grenze. Diese führte über freies Feld, war daher übersichtlich und nur durch einen einfachen Draht markiert. Der Grenzverlauf war allerdings nicht regelmäßig. Ein Streifen polnischen Territoriums ragte so weit in das deutsche Hoheitsgebiet hinein, daß man über diesen Streifen hinweg das Zollhaus beschießen konnte, ohne das Reichsgebiet verlassen zu müssen. Im weiteren Verlauf wurde die Grenze dann durch den Bach Ruda markiert. Auf dem Ostufer, das zum damaligen Reichsgebiet gehörte, befand sich ein großes Waldgebiet, der Raudener Forst.

Von Hochlinden war das Zollamt durch eine Bodenwelle getrennt. Die Dorfbewohner konnten also nicht sehen, was dort geschah. Auch das polnische Zollhaus lag nahe an der Grenze. Von dem polnischen Dorf Chwallentzitz war es so weit entfernt, daß dessen Bewohner nicht eingreifen und Fluchtversuche der polnischen Zollbeamten abgeschnitten werden konnten.

Im Kreis Kreuzburg waren die Gegebenheiten völlig anders. Die Grenze bildeten das Flüßchen Prosna oder einer seiner zahlreichen Arme. Die Prosna schlängelte sich

durch versumpfte Wiesen. Der Verlauf der Grenze war folglich höchst unübersichtlich. An das Flußtal grenzte der Pitschener Stadtwald. Aus ihm heraus konnte eine militärische Aktion vorgetragen werden, ohne daß man polnisches Gebiet betreten mußte. Auf einem mehr als drei Kilometer breiten Gebiet gab es keine Ansiedlungen, ausgenommen die Prosnamühle, in der Volksdeutsche wohnten. Das Unternehmen konnte also ablaufen, ohne daß Störungen zu befürchten waren.
Heydrich berücksichtigte diese geographischen und politischen Umstände und entwickelte für den Scheinüberfall auf das Zollhaus Hochlinden ein Konzept, das den schwerstwiegenden der Grenzzwischenfälle provozieren sollte. Mehlhorn berichtete darüber:

> »Danach sollte aus einer Bereitstellung im Forst Rauden die angeblich polnische Einheit von Hellwig unter Überschreitung der Ruda und der Grenze das polnische Zollhäuschen erreichen und von dort aus die polnische Garnison in Rybnik alarmieren, alarmierte polnische Einheiten auf diese Weise zurück über die Grenze in Richtung Hochlinden locken, wo die Polen durch bereitgestellte Polizeieinheiten in einem echten Gefecht gefangengesetzt werden sollten.«

Als Heydrich Anfang August die Gegend selbst besichtigte, skizzierte er bereits gegenüber dem Leiter der Gestapostelle Oppeln, Schaefer, den Plan. Schaefer hat darüber mitgeteilt:

> »Ausserdem habe ich erfahren, dass nach dem Beginn

der eigentlichen Aktion bei den polnischen Militärstellen in Rybnik angerufen und diesen mitgeteilt werden sollte, polnische Soldaten seien an der Grenze in der Gegend Rybnik mit deutschen Zöllnern in Schiessereien verwickelt. Heydrich rechnete damit, dass die polnischen Befehlsstellen in Rybnik daraufhin polnische Soldaten an die Grenze entsenden würden. Über diesen Vorschlag habe ich gelacht, woraufhin Heydrich mir sagte, ›wenn die Panzer erst rollen, spricht kein Mensch mehr darüber‹.«

Hellwig, dem die Führung der als Polen verkleideten SS-Leute oblag, erinnerte sich:

»Die angeblich polnische Kompanie hatte den Auftrag, ... aus dem polnischen Raume kommend, das deutsche Zollhaus mit einem starken Feuerüberfall anzugreifen. Dieses Feuer sollte mit starkem Gegenfeuer von der inzwischen auf der Höhe nördlich des deutschen Zollhauses in Stellung gegangenen deutschen Kompanie unter Führung Dr. Trummlers im überhöhten Feuer, um eigene Verluste zu vermeiden, erwidert werden.«

Trummler sollte die »Abwehr des polnischen Angriffs« übernehmen. Für seine »deutsche Kompanie« standen ihm gleichfalls SS-Leute zur Verfügung, eingekleidet in Uniformen der Grenzpolizeischule Pretzsch. Als Trummler am 13. August 1947 in Dachau im Auftrag der »Polish War Crimes Mission« dazu als Zeuge vernommen wurde, sagte er:

»Der von mir empfangene Befehl lautete etwa folgendermaßen: Es ist in dem Raume südlich Hohenlinden (richtig: Hochlinden) ein Überfall polnischer Grenzpolizei und Insurgenten auf das deutsche Zollhaus durchzuführen. Die deutsche Grenzpolizei hat diesen Angriff abzuwehren und die polnische Grenzpolizei (von uns eingekleidet) festzunehmen.«

Diese Darstellung Trummlers entspricht genau der Aktion, wie sie am 31. August schließlich abgelaufen ist. Nach dem Scheinüberfall auf das deutsche Zollhaus wurden nur die »polnischen Angreifer« überwältigt. Auf polnisches Hoheitsgebiet wurde er nicht ausgeweitet. Warum Heydrich seinen ursprünglich gefaßten Plan geändert hat, läßt sich nicht mehr hinreichend klären. Möglicherweise fürchtete er die Konfrontation mit echten polnischen Militäreinheiten. Vielleicht waren es die Ereignisse vom 25. August 1939 in Hochlinden. Da Hitler ursprünglich den Krieg am 26. August beginnen wollte, waren die Scheinüberfälle auf den 25. August festgelegt worden. In Hochlinden ist Hellwig aus seiner Bereitschaftsstellung zu früh losmarschiert. Hellwig und Mehlhorn sind danach abgelöst worden. Außerdem hatte in der Nacht vor dem ersten Alarm eine deutsche Gruppe junger bewaffneter Zivilisten das polnische Zollhaus Chwalentzitz zerstört.
Auf diese Zusammenhänge werden wir noch eingehen.
Nachfolger Hellwigs war der SS-Sturmbannführer Karl H. Ihn hatte Hellwig vor dem Abmarsch der für die Überfälle vorgesehenen SS-Einheiten nach Oberschlesien unterrichtet. Aus den Darlegungen jenes Karl H. ergibt sich,

daß zu diesem Zeitpunkt noch davon ausgegangen wurde, die polnische Grenze werde überschritten. Seine Schilderungen geben im übrigen die endgültige Planung für Hochlinden zutreffend wieder.

»Hellwig erläuterte in Gegenwart von Dr. Trummler anhand einer Karte, wie der Scheinüberfall auf das Zollhaus Hochlinden geplant war. Er, Hellwig, sollte danach zu einem noch festzusetzenden Zeitpunkt mit einem Kommando in polnischen Uniformen den Ort umgehen und von polnischer Seite aus kommend das deutsche Zollhaus angreifen und demolieren. In dem Zollhaus würden auch einige Leute sein, die angeblich Widerstand leisten sollten, aber bei unserem Scheinangriff unter keinen Umständen verletzt oder getötet werden dürften. Die in polnischen Uniformen angreifende Gruppe sollte so viel Krach machen, daß die »Widerständler« übertönt würden. Es sollten laut polnische Kommandos gegeben, Flüche ausgestossen und laut polnische Worte gerufen werden. Wenn das Scheingefecht auf dem Höhepunkt wäre, sollten die restlichen SS-Männer unseres Kommandos in ihren Uniformen der Grenzpolizei aus dem Ort heraus zum Gegenstoss antreten und die »polnische« Gruppe gefangennehmen. Beim Einsetzen dieses Gegenangriffs wären die Waffen seitens der polnischen Gruppe sofort wegzuwerfen, wobei wiederum strengstens darauf zu achten sei, dass es keine Verletzten gäbe. Ausserdem sollten einige Männer der »polnischen« Gruppe bei der angeblichen Festnahme ihre Mützen und ihr Koppel abwerfen und diese am Zollhaus zurücklassen.

Hellwig wies noch darauf hin, dass der Abtransport sehr schnell geschehen solle. Die LKWs hierfür stünden bereit. Anschliessend ginge es in die Quartiere zurück. Alles andere wäre dann nicht mehr unsere, sondern die Sache der örtlichen Polizeidienststellen.«

Auch bei dem Überfall im Kreis Kreuzburg sollte ein Kommandounternehmen eines polnischen Insurgentenhaufens vorgetäuscht werden. Doch bei Heydrichs erstem Plan, der den Überfall auf einen deutschen Grenzort vorsah, ohne polnisches Territorium zu berühren, ist es auch hier nicht geblieben.
Mehlhorn berichtete hierzu, indem er erneut an seine grundsätzlichen Bedenken anknüpfte:

»Ich habe mich mit den meisten der Teilnehmer auch nachher noch sehr offen ausgesprochen, dabei von dem Unsinn des Ganzen gesprochen, wohl einigen gegenüber auch offen zum Ausdruck gebracht, dass an allem wohl das bekannte Geltungsbedürfnis Heydrichs viel Schuld trage, und habe damit zu erreichen versucht, dass die einzelnen auf die mit ihren Aufträgen verbundenen Gefahren aufmerksam wurden. Besonders wollte ich damit, nachdem eine Verhinderung des Ganzen nicht gelungen war, erreichen, dass jeder sich so vorsichtig benahm, dass die sonst zu erwartenden Dummheiten, von denen der ungünstigste Einfluss in Richtung meines Hauptbedenkens zu befürchten war, vermieden wurde. Mit Rasch, der mir schon länger vertraut war, habe ich dann sogar verabredet, seine Aufgabe des Insurgenteneinfalls objektmässig so zu verkleinern, dass praktisch die befürchtete Gefährdung auf ein Minimum zurückgeführt wurde. Es gelang uns beiden, getrennt auf Heydrich einwirkend, schliesslich zu erreichen, dass anstelle des ursprünglich vorgesehenen grösseren Objektes nur ein winziges, unmittelbar an der Grenze gelegenes Waldwärterhaus ausgewählt wurde. Zur Ausschaltung jeglicher Gefährdung von Menschenleben und zugleich zur Vermeidung gefährdender Zeugenschaft hat Rasch meines Wissens sogar über die betreffende Forstverwaltung eine Urlaubsreise des Försterehepaares erreicht, so dass im Augenblick des Handelns das Haus leer war.«

Mit der »befürchteten Gefährdung« meinte Mehlhorn die Verwicklung von Bewohnern des Grenzdorfes in die Auseinandersetzungen. Sie hätten mit Waffen und allen möglichen Geräten eingreifen und dabei sowohl sich selbst als auch die »Angreifer« verletzen können. Bei dem »Waldwärterhäuschen« handelte es sich um das Forsthaus Pitschen, in dem damals ein Förster mit seiner Familie wohnte. Die Aktion gegen dieses Forsthaus wurde SS-Standartenführer Dr. Dr. Rasch übertragen. Um einen »Insurgentenüberfall« vorzutäuschen, sollten die SS-Leute in »Räuberzivil« gesteckt werden.

4. Bestimmung der Decknamen und Stichworte

Bei dieser Besprechung erhielten nach Hellwig die einzelnen Kommandoführer als Tarnnamen jeweils falsche Berufsbezeichnungen wie Schlosser, Schreiner und andere. Wichtiger waren die Parolen, die die verschiedenen Überfälle auslösen sollten. Für den Sender Gleiwitz lautete das Stichwort bereits »Großmutter gestorben«. Für das Forsthaus Pitschen und das Zollhaus Hochlinden sollten gleichlautende Kodes gelten. Nach Mehlhorn bedeutete »Kleiner Auerhahn« Alarmstufe 1. Die Einheiten hatten sich also in Bereitschaft zu halten. Bei »Großer Auerhahn« mußte in die Bereitstellungsräume ausgerückt werden. Das Stichwort »Agathe« sollte die Aktionen auslösen. Um Verwechslungen durch Hör- oder Schreibfehler mit schwerwiegenden Folgen auszuschließen, wurde für den Beginn der Aktion mit »Agathe« eine von dem Wort »Auerhahn« klar abweichende Parole festgelegt. Auch nach der Erklärung der früheren Sekretärin von Gestapochef Müller war »Agathe« das maßgebliche Stichwort.

> »Meiner Erinnerung nach war es nach dem Scheinüberfall, als Müller mir gegenüber bemerkte, dass er beinahe das Kennwort – ich glaube, es lautete ›Agathe‹ – vergessen hätte.«

5. Befehlsweg

Nach diesen grundlegenden Planungen war noch viel Kleinarbeit zu erledigen. Sie ist teilweise bei Besprechungen in Berlin geleistet worden. Wenn es angezeigt erschien, mußten die Kommandoführer und die für Sonderfragen zuständigen SD-Führer dazu in die Reichshauptstadt kommen.
Von entscheidender Bedeutung war der Befehlsweg. Heydrich behielt es sich selbst vor, die auslösenden Stichworte durchzugeben. Deshalb mußten einwandfreie Verbindungen zwischen seiner Dienststelle in Berlin und den Kommandozentralen in Oberschlesien geschaffen werden. Da die Vorbereitungen zentral in der Gestapostelle Oppeln koordiniert werden sollten, wurde dort auch die erste Direktverbindung mit Berlin eingerichtet. Ihr Chef Schaefer erklärte dazu:

> »Wenige Tage nach dem Gespräch mit Heydrich wurde zwischen meinem Dienstzimmer und dem Dienstzimmer Heydrichs in Berlin eine direkte Telefonverbindung gelegt. Warum dies geschah, habe ich zunächst nicht erfahren. Später, d. h. einige Tage darauf, wurde mir dann bekannt, dass von meinem Zimmer aus die Aktion an der Grenze geleitet werden sollte.«

Außer diesem direkten Draht bestand noch eine Fernschreibverbindung. Sie wurde durch zwei Kriminalangestellte bedient, von denen einer abgelöst worden ist. Der Kriminalangestellte Rudolf R., der damals auch in jener Dienststelle Schaefers arbeitete, berichtete:

»Im August 1939 bemerkte ich an verschiedenen Umständen, dass auf unserer Dienststelle in Oppeln besondere Dinge in Vorbereitung waren. Einmal bestand auf unserer Wachstube ein besonderer Telefonanschluss, dessen Bedeutung wir damals nicht kannten. Zum anderen war ein Fernschreiber eingerichtet, dessen Bedienung zwei Kriminalangestellte unserer Gestapo-Dienststelle oblag. Ausserdem stellten wir fest, dass einige Leute von uns zu einer nicht näher bezeichneten anderweitigen dienstlichen Verwendung abkommandiert wurden. Sie kamen nach einiger Zeit mit geschorenen Köpfen zu uns zurück, gingen dann aber kurz vor Ausbruch des Krieges wieder weg. Wir hörten, dass es sich bei der Verwendung dieser Leute um eine geheime Reichssache handele. Von einem der beiden Angestellten, die den Fernschreiber bedienten, erfuhr ich, dass er sich einer besonderen eidlichen Verpflichtung unterziehen sollte, dies aber abgelehnt hatte. Er wurde daraufhin vom Fernschreiberdienst abgelöst. Diese Ablösung galt aber nur für die in Frage stehende Zeit kurz vor dem Ausbruch des 2. Weltkrieges.

Mir wurde damals gesagt, dass unser Dienststellenleiter Schaefer über den Fernschreiber unmittelbar mit Heydrich in Berlin verkehrt habe. Während sonst im allgemeinen Dienstbereich der Wachhabende nachts den Fernschreiber zu bedienen hatte, oblag dies in der fraglichen Zeit nur den hierzu besonders bestimmten Personen. Für den Angestellten, der sich geweigert hatte, wurde ein anderer Mann zur Bedienung des Fernschreibers beordert.«

Ob jener Angestellte sich tatsächlich geweigert hat oder ob er aus Sicherheitsgründen vorübergehend von seinem Posten entfernt worden ist, läßt sich nicht mehr klären. Von Schaefers Dienstzimmer aus nahm jedenfalls Mehlhorn seine Arbeit auf. Er sagte dazu:

»Meine Aufgabe in Oppeln war es, die organisatorische Vorbereitung der Grenzzwischenfälle bei Hochlinden und Pitschen daraufhin zu überwachen, dass keine Pannen passierten. Die eigentliche Einsatzplanung lag bei den Kommandoführern, die mich dann jeweils über ihr Vorhaben unterrichteten. Ich habe mir auch die örtlichen Gegebenheiten an den Einsatzorten angesehen und Hinweise für den Einsatz gegeben.«

Der Vertreter Schaefers, der damalige SS-Obersturmführer und Regierungsrat Dr. D., hat die Stellung Mehlhorns so eingeschätzt:

»Nach meiner Erinnerung hielt ich damals Mehlhorn, der zeitweilig auch in Oppeln war, für den Leiter der ganzen Angelegenheit. Mehlhorn und einige Herren hielten sich entweder im Dienstzimmer Schaefers oder in einem Oppelner Hotel auf. Für diese Gruppe gingen auch Fernschreiben ein, die ich dann weiterlei-

> tete oder unmittelbar überbrachte, bezw. überbringen liess.«

Außer dieser zentralen Befehls- und Operationsstelle in Oppeln wurde eine Leitstelle für den unmittelbaren Einsatz der Kommandos bei der Gestapostelle Gleiwitz eingerichtet. Zu ihr sollten nach Mehlhorn die Befehle gegeben werden, mit denen die Aktionen auszulösen waren. Dazu Mehlhorn weiter:

> »An dem zunächst für den 26. 8. 1939 vorgesehenen Einsatztermin habe ich mich weisungsgemäss in der Stapostelle Gleiwitz aufgehalten, wo auch eine Fernschreibverbindung mit Berlin bestand. Von dieser Stelle aus war auch eine ständige Telefonverbindung mit der Gendameriestation eingerichtet, in deren Nähe sich Hellwig und Dr. Trummler aufhielten. Ebenso bestand eine Telefonverbindung zu dem Quartier der Einheit Dr. Rasch.«

Damit war aber das Problem noch nicht gelöst, wie den Kommandos nach dem Stichwort »Großer Auerhahn« in den Bereitstellungsräumen das Aktionsstichwort »Agathe« übermittelt werden sollte. Die Quartiere der Kommandos lagen nämlich mehrere Kilometer von den Überfallorten entfernt, und Funkgeräte durften aus Gründen der Geheimhaltung nicht benutzt werden. Was blieb, waren Melder. Das bestätigte auch Mehlhorn, indem er sagte:

> »Diese Befehle wurden teils telefonisch, teils durch Kradmelder weitergeleitet.«

Keine Schwierigkeiten konnte die Übermittlung des Stichwortes »Großmutter gestorben« an das Kommando von Naujocks in Gleiwitz bereiten. Naujocks war nämlich in seinem Gleiwitzer Quartier persönlich oder über Telefon zu erreichen. Wie sich später ergab, ist er von Heydrich unmittelbar unterrichtet worden.

6. Beschaffung der polnischen Uniformen, Freistellung der Kommandoangehörigen vom Wehrdienst

Die polnischen Uniformen für den Überfall auf das Zollhaus Hochlinden konnten nur über den Leiter der Amtsgruppe Ausland/Abwehr im Oberkommando der Wehrmacht (OKW), Vizeadmiral Wilhelm Canaris, besorgt werden. Der Sicherheitsdienst der SS verfügte nämlich nicht über derartige Bestände. Zu diesem Punkt hat Schaefer erklärt:

> »Später, nach dem Krieg, habe ich erfahren, dass Heydrich sich über Hitler von Canaris polnische Uniformen beschafft hatte. Er selber wollte wegen der bekannten Zwistigkeiten zwischen ihm und Canaris nicht an Canaris herantreten.«

Dieser Darstellung, Hitler sei um Hilfe bei der Beschaffung der Uniformen angegangen worden, entspricht eine Eintragung im Kriegstagebuch der Abwehr II (Lahousen) vom 17. August 1939, in der es unter anderm heißt:

> ». . . der Führer hat dem Amtsgruppenchef, Admiral Canaris, folgende Anweisung gegeben (hier nur das für Abw. II Zutreffende erwähnt):
> 1) Bereitstellung von 150 polnischen Uniformen für ein Unternehmen des SS-Reichsführers Himmler (Anweisung an HptmDingler Ic AO.G.Kdo. VIII zur Abgabe dieser Uniformen mit Ausrüstung. Auftrag an

Ib, Abw. II zur Waffenstellung und Beschaffung der fehlenden Ausrüstung im Einvernehmen mit Hptm. Baun, Abw. II)

Auf meine Anfrage, warum die Bitte des Generals Manstein betr. Einsatz von 3 Sturm Bat. mit polnischen Uniformen abgewiesen worden ist, dafür aber im gleichen Raum eine Unternehmung des SS-Reichsführers Himmler durchgeführt werden soll, wird geantwortet, dass dies auf Wunsch des Führers geschieht, der die Wehrmacht unter allen Umständen aus allen Unternehmungen, die ausgesprochen illegalen Charakter haben, heraushalten will.

2) Freigabe der für dieses Unternehmen benötigten Leute...«

Ebenfalls unter dem 17. August 1939 notierte der damalige Chef des Generalstabes des Heeres, General Franz Halder, in sein Tagebuch:

»Canaris: Himmler-Heydrich Obersalzberg, 150 polnische Uniformen mit Zubehör (Dr. Trummler). Oberschlesien.«

Also haben Himmler und Heydrich wegen der polnischen Uniformen Hitler in seinem Wohnsitz Obersalzberg aufgesucht. Dabei dürfte auch der Stand der Vorbereitungen für das Unternehmen Tannenberg erörtert worden sein. Das ergibt sich aus dem Sachzusammenhang.

Aufgrund der Anweisungen Hitlers beauftragte Heydrich den damaligen SS-Oberführer Heinz Jost, Leiter des SD-

Amtes III, Auslandsnachrichtendienst, umgehend mit Canaris Verhandlungen aufzunehmen. Jost, der nach dem Krieg gestorben ist, klärte in einem Gespräch mit Canaris die näheren Einzelheiten in bezug auf die begehrten polnischen Ausrüstungen sowie den Termin für die Ablieferung. Jost hat Canaris aber keine Einzelheiten darüber mitgeteilt, wozu die Uniformen benötigt wurden. Das ergibt sich aus dessen Tagebuchaufzeichnungen vom 17. August 1939 über ein Gespräch mit dem früheren Chef des Oberkommandos der Wehrmacht, Generaloberst Wilhelm Keitel.

»Ich melde Keitel meine Besprechung mit Jost. Er sagt, dass er sich um dieses Unternehmen nicht kümmern könne, *da der Führer ihn nicht unterrichtet habe* und ihm lediglich hat sagen lassen, dass wir Heydrich polnische Uniformen zur Verfügung stellen sollten. Er ist einverstanden, dass ich Generalstab unterrichte. Er sagt, dass er von derartigen Unternehmen nicht viel hält, dass aber nichts zu machen sei, wenn sie vom Führer befohlen seien ...«

So ergeht die im Kriegstagebuch der Abwehr II unter dem 17. August 1939 wiedergegebene Anweisung an den Leiter der Abwehrstelle in Breslau, Hauptmann Dingler. Dieser mußte die benötigten Uniformen und Ausrüstungsgegenstände, soweit nicht vorhanden, bei seinen Nebenstellen anfordern. Nach einer weiteren Eintragung im Kriegstagebuch der Abwehr II wurde alles bereits zwei Tage später an einen Beauftragten Heydrichs übergeben. Diese Eintragung lautet:

»19. 8. 1939 kommen 2 LKW unter Führung des Oberfeldwebel Kutschke aus Breslau mit polnischen Uniformen und Ausrüstungsstücken. Übergabe der aus Breslau kommenden Wagen mit Beladung an den Hauptsturmführer Ratz.«

Die Anordnung Hitlers auf »Freigabe der für dieses Unternehmen benötigten Leute« war erforderlich, weil im Falle einer möglichen Einberufung oder heimlichen Mobilmachung diese SS- und Polizeiangehörigen nicht auffallen durften. Deshalb die »Freigabe«. Wenn sie nämlich einberufen worden wären und sich nicht gestellt hätten, wäre nach ihnen gefahndet worden. Und dabei hätten nicht nur Wehrmachtsdienststellen, sondern auch außenstehende Personen Hinweise auf einen Sondereinsatz der SS in Oberschlesien bekommen können. Diese Hinweise wären unter Umständen später mit den Scheinüberfällen in Verbindung gebracht worden. Darum waren Himmler und Heydrich bei Hitler um die Freistellung bemüht. Ein entsprechender Befehl ist dann auch nach einer Eintragung im Kriegstagebuch der Abwehr II bereits am 19. August 1939 erteilt worden.

»19. 8. 39 ? 1.00 Uhr ZO, Obstlt. von Frankenberg wurde durch Ia eine Liste mit den Namen der 364 Leute übergeben, die für ein Sonderunternehmen der SS freigestellt werden sollen.«

Ob tatsächlich diese Gesamtzahl an SS-Leuten, Polizeibediensteten und Kraftfahrern in den Kommandos erreicht worden ist, steht nicht fest.

7. Zusammenstellung und Ausbildung der Sonderkommandos in Bernau für die Überfälle auf Hochlinden und Pitschen

Die Leute für die Sondereinsätze waren unterdessen zusammengezogen worden. Die ersten entsprechenden Maßnahmen hatte Heydrich bereits Anfang August 1939 getroffen, also noch vor den einleitenden Planungskonferenzen. Das ergibt sich aus den Angaben des früheren SS-Sturmbannführers Karl H., der damals die SS-Fechtschule Bernau bei Berlin leitete. H. berichtete:

»Es war kurz nach dem 1. August 1939. Die Fechtschüler waren zur Verfügungstruppe eingezogen und auch der Schulbetrieb stillgelegt. Ich sass auf meinem Büro, als der Wachführer mir mitteilte, dass sich im Schulgelände ein SS-Standartenführer und ein SS-Obersturmbannführer unangemeldet umsehen würden. Hierauf machte ich mich auf den Weg und stellte mich bei den beiden SS-Führern mit dem Bemerken vor, dass es wohl militärisch richtiger gewesen wäre, wenn sie sich bei mir gemeldet hätten. Die beiden SS-Führer waren der SS-Standartenführer Dr. Trummler, Kdr. der Grenzpolizeischule in Pretzsch, und der SS-Obersturmbannführer Hellwig, Kdr. der Führerschule, der Sicherheitspolizei in Berlin-Charlottenburg. Sie erklärten mir, dass sie im Auftrage Heydrichs kämen und eine Benachrichtigung meiner Person wohl versehentlich unterblieben sei. Eine nähere Aufklärung darüber, warum sie die Räumlichkeiten besichtigen

wollten, gaben Dr. Trummler und Hellwig nicht. Beide waren mir bis dahin persönlich nicht bekannt.
Am nächsten Tag rief mich der Chefadjutant Heydrichs und Major der Polizei Pomme an und teilte mir im Auftrage Heydrichs mit, dass in den nächsten Tagen ein grösseres Kommando von SS-Männern für einen besonderen Einsatz, der aber der strengsten Geheimhaltung unterliege, in der Schule eintreffen würde. Die Leitung dieses Kommandos habe der Standartenführer Dr. Trummler, dem Hellwig beigegeben sei. Ein Vorkommando, bestehend aus den SS-Führern und Unterführern der Schulen Pretzsch und Charlottenburg, treffe bereits in den nächsten Tagen ein. Die Gesamtstärke des SS-Kommandos würde etwa 120 Mann betragen. Ich hätte für Unterkunft und Verpflegung Sorge zu tragen.
Kurze Zeit darauf – es kann schon am nächsten Tage gewesen sein – traf das Vorkommando in der Schule ein. Wiederum ein oder zwei Tage später kamen dann mit LKW-Transport etwa 80 Männer der allgemeinen SS in Zivil nach Bernau.«

Weitere Transporte folgten. Die SS-Männer und Polizeileute, die ebenfalls der SS angehörten, beherrschten die polnische Sprache. Das ergab sich aus deren Personalunterlagen. Sie sollten – das war bereits bei den Planungsgesprächen in Berlin festgelegt worden – nicht zu jung und möglichst soldatisch geschult sein. Sie wurden ohne Angabe von Gründen per Fernschreiben oder telegrafisch einberufen, und zwar über Dienststellen der Geheimen Staatspolizei, der Kriminalpolizei oder des Sicherheitsdienstes. Sie mußten sich in der Dienststelle des Reichsführers-SS, SD-Hauptamt, Berlin, Wilhelmstrasse melden. Der frühere SS-Hauptscharführer Josef Grzimek, der später nach Polen ausgeliefert und dort wegen Verbrechen in Konzentrationslagern hingerichtet worden ist, hat am 10. Juli 1947 bei einer Vernehmung in Dachau – sie erfolgte im Auftrag der »Polish War Crimes Mission« – ausgesagt:

> »Etwa Mitte August 1939 wurde ich durch ein an mich gerichtetes Telegramm zur Dienststelle ›Reichsführer SS‹ in Berlin, Wilhelmstrasse, einberufen. Bei meinem Eintreffen traf ich dort mehrere SS-Angehörige, die den gleichen Einberufungsbefehl erhalten hatten. Noch am gleichen Tage wurden wir in verschlossenen Lastkraftwagen nach Bernau bei Berlin in die dortige mitten im Wald gelegene SS-Führer-Fechtschule verbracht, wo wir ein Notquartier auf Stroh bezogen. Ich stellte hier fest, dass sämtliche Einberufenen aus Oberschlesien stammten.«

Wie es dann weiterging, schilderte der damalige SS-Oberscharführer und Kriminaloberassistent Georg K. Er war mit zwei weiteren Angehörigen der Gestapostelle Oppeln nach Bernau kommandiert worden.

> »Am nächsten Tage mussten wir in Bernau alle unsere Privatsachen, wie Bekleidung, Ausweispapiere, sonstige schriftlichen Unterlagen, Eheringe und sonstige Schmuckgegenstände, abgeben. Wir erhielten statt dessen Unterzeug und Drillichzeug geliefert. Alle

> Verbindung mit der Außenwelt war abgeschnitten. Es bestand strikte Ausgangssperre. Briefe wurden zensiert und liefen über die Deckanschrift *Potter und Mühl, Berlin,* wobei nur alle 14 Tage an Angehörige geschrieben werden durfte.«

Schließlich hatte man genug SS-Leute für die Kommandos zusammen. Der frühere SS-Unterscharführer Heinrich W. war damals beim Grenzpolizeikommissariat Ratibor tätig. Er berichtete:

> »In Bernau traf ich auf eine größere Anzahl von gleichfalls kommandierten Polizeibeamten wie auch Angehörigen der Allg. SS. Die Gesamtstärke schätze ich auf über 200 Personen.«

Tatsächlich sind schließlich aus Bernau etwa 350 SS-Leute abgerückt.
Auch Georg K. kam aus dem Polizeibereich. Von 1923 bis 1936 hatte er zunächst in der Reichswehr und danach in der Wehrmacht zuletzt als Oberfeldwebel gedient. Er berichtet über die ersten Tage in der SS-Fechtschule Bernau:

> »Wir sind sodann in 3 Züge eingeteilt worden. Der erste Zug unterstand dem Hauptmann der Schutzpolizei, St., der zweite dem Oberleutnant der Schutzpolizei K., während der dritte Zug mir unterstellt wurde. Bis in den August hinein haben wir alle eine militärische Ausbildung erfahren.«

Die Führung der gesamten Kompanie oblag Hellwig. Er hielt sich tagsüber durchweg mit Trummler im Schulgebäude auf. Die Ausbildung hat der frühere Leiter der Fechtschule so geschildert:

»Die Ausbildung erfolgte zunächst in der Halle, da sie (die SS-Männer) sich wegen der nahe vorbeiführenden Autobahn und eines Fussweges draussen vorerst nicht zeigen durften. Erst nach der Einkleidung der SS-Männer in die grau-grüne Uniform der Grenzpolizei fand dann das Exerzieren im Freien statt. Abends wurde in dem an die Kantine anschliessenden Speisesaal gesungen und zwar sowohl Lieder in deutscher wie auch in polnischer Sprache. Sämtliche SS-Männer waren der polnischen Sprache mächtig, und wir hatten auch mehrere Männer dabei, die in der polnischen Armee gedient hatten. Letztere dienten gleichzeitig bei diesen abendlichen Zusammenkünften als Instrukteure für das polnische Reglement, d. h. sie mussten hinsichtlich der Grussformen und des ganzen soldatischen Benehmens die anderen Männer unterweisen. Ausserdem hatte Dr. Trummler angeordnet, dass die SS-Männer sich z. T. entsprechend dem Aussehen der polnischen Soldaten Bärte und Koteletten wachsen lassen sollten. Ferner erhielten sie den kurzen, polnischen, militärischen Haarschnitt.«

H. erinnerte sich an das Eintreffen der polnischen Uniformen.

»Einige Tage nach der Einkleidung der SS-Männer in

die Uniform der Grenzpolizeibeamten trafen mit LKW-Transport einige Kisten und Säcke ein, in denen sich polnische Uniformen der verschiedensten Waffengattungen befanden. Hierauf fand einige Tage lang die Einkleidung mit diesen polnischen Uniformen statt, d. h. es mussten die entsprechenden Uniformen für die passende Person gesucht werden. Insgesamt sind etwa 30 bis 40 SS-Männer dann mit diesen polnischen Uniformen eingekleidet worden. Für jeden der eingekleideten Männer wurde ein Bekleidungssack bereitgestellt, in dem die ihm zugehörige Uniform verstaut wurde. Dasselbe geschah mit polnischen Waffen, unter denen sich viele alte Karabiner des früheren Heeres aus dem Ersten Weltkriege befanden. Hellwig hatte sich auch eine polnische Uniform zurücklegen lassen.«

Später sind auf dem Anmarsch des Kommandos Hellwig in den Einsatzraum noch weitere polnische Uniformen und Bekleidungsstücke ausgehändigt worden.
Etwa zur gleichen Zeit wurde auch jene Gruppe eingekleidet, die in Räuberzivil das Forsthaus Pitschen überfallen sollte. Dazu der bereits erwähnte Heinrich W.:

»Erst kurz vor unserer etwa 8 Tage später erfolgenden Abfahrt nach Schlesien erhielt ich eine Stiefelhose und eine Ziviljacke, bei denen es sich aber zweifelsfrei nicht um Uniformteile handelte. Ich kann mich nicht erinnern, dass ich eine Kopfbedeckung zugeteilt erhalten hätte. Der gesamte Zug, zu dem ich gehörte, war in dieses sog. Räuberzivil gekleidet.«

Den SS-Angehörigen wurde nicht gesagt, was geplant war. So entstanden die verschiedensten Gerüchte. Allgemein wurde von einem »Himmelfahrtskommando« gesprochen und ein Einsatz in Polen unterstellt. Und obwohl die SS-Männer keinerlei Einzelheiten wußten, mußten sie sich schriftlich zur Geheimhaltung verpflichten. Trummler hat dazu bei seiner Vernehmung am 13. August 1947 gesagt:

> »Der geplante Einsatz fiel unter ›Geheime Reichssache‹. Jeder von uns, Führer, Unterführer sowie Mannschaften mussten vor dem Einsatz zweimal ein Revers unterschreiben, worin uns Todesstrafe und Ausrottung der gesamten Sippe bei Nichtgeheimhaltung angedroht wurde.«

Diese Aussage bestätigt auch der Zeuge Wilhelm K. Er arbeitete vor dem Beginn des Krieges bei der Firma Porsche in Berlin, gehörte einem »Motor-Sturm« an und hatte sich mit anderen bei Versuchsfahrten seiner Firma bewährt. Vermutlich ist er deshalb als LKW-Fahrer nach Bernau kommandiert worden. K. berichtete:

> »Vor unserem Einsatz in Pitschen mussten wir in Berlin einen Revers unterschreiben, dass es uns bei Strafe verboten sei, irgend etwas über unseren Einsatz verlauten zu lassen. Es wurde sogar Sippenhaft angedroht.«

Auch abends, wenn die SS-Männer sich in der Kantine der Fechtschule mit SS-Führern zu einem Umtrunk trafen, wurde ihnen nichts über die geplanten Aktionen gesagt. Einen solchen Abend, an dem auch ein SS-Oberführer oder ein SS-Brigadeführer teilnahm, hat Heinrich W. geschildert:

»Ich weiss mich noch daran zu erinnern, dass an einem Abend ein höherer SS-Führer zu uns kam und mit uns eine Art Kameradschaftsabend durchführte. Dieser SS-Führer trug nach meiner Erinnerung 2 Eichenlaub auf dem Kragenspiegel. Bestimmt hatte er einen höheren Rang als den eines SS-Standartenführers, von dem ich wusste, dass er nur 1 Eichenlaub auf dem Kragenspiegel trug. Der SS-Führer war von kleiner Gestalt. Er hielt zu Beginn eine kurze humorige Ansprache, ohne jedoch auf den Zweck unserer Ausbildung einzugehen. Neben ihm standen einige Kästen mit Flaschenbier. Er warf uns diese Flaschen zu, und wir mussten in der Folge dann in seiner Anwesenheit polnische Lieder singen.«

Gegen Ende der Ausbildung wurde auch der Leiter der Fechtschule für den Einsatz gewonnen. Er erinnerte sich:

»Aus allen Umständen schloss ich, dass irgendwie ein ›krummes Ding‹ gedreht werden sollte. Doch gaben mit Dr. Trummler und Hellwig noch keine Aufklärung. Bei einem der Bierabende, zu denen ich eingeladen wurde, sprach mich Hellwig auf eine Teilnahme an dem Einsatz an. Er fragte mich, ob ich nicht lieber mitkommen und mitmachen wolle, statt hier herumzusitzen. Ich erwiderte ihm, dass ich hierzu schon bereit sei, wenn dies möglich wäre, jedoch könne er – Hellwig – dies wohl kaum von sich aus anordnen. Hellwig entgegnete mir, er werde das schon machen. Kurze Zeit später teilte mir Hellwig mit, dass er von Heydrich oder Müller die Genehmigung für meine Teilnahme bei dem Einsatz erhalten habe. Ich persönlich nehme eher an, dass Heydrich meiner Teilnahme zugestimmt hat, da ich ihm direkt unterstand. Nachdem ich so dem Kommando zugeordnet war, wurde mir auch eine polnische Uniform verpasst, die ein anderer SS-Mann an mich abgeben musste.«

Erst beim Abschiedsabend sagte Hellwig den SS-Führern, was geplant war. Dazu der Leiter der SS-Fechtschule, SS-Sturmbannführer Karl H.:

»Es wurde Abschied gefeiert und dabei Bier getrunken. Wir sassen an einem grossen Tisch am Kopfende des Speisesaals. Wir – das sind sämtliche SS-Führer – wurden nunmehr von Hellwig im grossen Rahmen über den vorgesehenen Einsatz unterrichtet. Ich weiss noch seine Worte, mit denen Hellwig seine Ausführungen begann. Er sagte: ›Kameraden, an diesem Tisch, an dem wir hier sitzen, wird ein Stück Weltgeschichte gemacht.‹ Wir würden als erste polnischen Boden betreten und im Raume Schlesiens zum Einsatz kommen. Zu mir bemerkte er noch, dass ich den Tisch, an dem wir sassen, nach unserer Rückkehr in Ehren halten solle. Dann gab Hellwig allgemein den Zeitpunkt des Abmarsches für den nächsten Morgen bekannt, worauf die Männer zu Bett geschickt wurden.«

Nachdem die SS-Männer den Raum verlassen hatten, die Kantine geschlossen und der Kantinenwirt fortgeschickt worden war, erläuterte Hellwig den Einsatzplan. Am nächsten Tag brach das Kommando auf.

8. Aufstellung der Gruppe Naujocks für das Kommandounternehmen Gleiwitzer Sender

Während in Bernau die Einsatzkommandos für Hochlinden und Pitschen geschult und eingekleidet wurden, hatte Naujocks seine Gruppe für den Überfall auf den Sender Gleiwitz zusammengestellt und war mit ihr nach Gleiwitz gefahren. In einem Zeitungsinterview hat er dazu nach dem Kriege berichtet:

> »Ich hatte 48 Stunden Zeit, mich in Marsch zu setzen. Ich suchte mir ein paar Männer aus, sechs oder sieben ... nicht nur aus dem SD. Wir mussten zum Beispiel jemand haben, der die Rede in polnischer Sprache hielt. Der war nicht aus dem SD. Ausserdem brauchten wir Ortskundige. Ich musste einen erstklassigen Rundfunktechniker dabeihaben, der in der Lage war, ganz kurzfristig in einem völlig fremden Sender eine laufende Sendung zu unterbrechen und das Mikrophon einzuschalten. Also wir sind mit zwei Fahrzeugen von Berlin aus nach Gleiwitz gefahren und haben uns dort in zwei Hotels einquartiert, als ganz normale Zivilisten.«

Der größere Teil des Kommandos wohnte zusammen mit Naujocks im Hotel »Haus Oberschlesien«. Der frühere Fahrer von Naujocks, Fedor J., hat nach dem Kriege zu dem erwähnten Rundfunktechniker Dr. Sch., über dessen Verbleib nichts bekannt ist, ausgesagt:

> »Ich habe Naujocks und einige andere Personen mit einem Kraftwagen nach Gleiwitz zum Hotel ›Haus Oberschlesien‹ gefahren. Es fuhr noch ein weiteres Fahrzeug mit. Wir hatten alte Zivilsachen auf Anordnung von Naujocks mitgenommen. Von den Personen, die sich in unserer Begleitung befanden, erinnere ich mich noch an den Namen Dr. Sch., der sogleich als Untersturmführer eingestellt worden war, was außergewöhnlich war und damals Neid erregt hat. Als wir nach Gleiwitz fuhren, waren mir Grund und Anlass unserer Fahrt nicht bekannt. Naujocks hat uns bis kurz vor dem eigentlichen Einsatz nicht über den Zweck unseres Aufenthaltes in Gleiwitz informiert.«

Naujocks befand sich in der für ihn angenehmen Lage, keine Fragen befürchten zu müssen. Denn:

> »Es handelte sich um Männer, die es gewohnt waren, Befehle entgegenzunehmen und diese Befehle auszuführen. In der Beziehung waren wir ja ein halbsoldatisches Unternehmen.«

9. Abschließende Ortsbesichtigung durch Himmler in Hochlinden

Nach Abschluß der Planungen und Vorbereitungen konnte Himmler zu der Ortsbesichtigung nach Hochlinden kommen, die Heydrich bereits angekündigt hatte. Hierüber berichtete Schaefer:

> »Um den 20. August 1939 herum erhielt ich einen Anruf, dass ich mit meinem Wagen zum Flugplatz nach Gleiwitz kommen sollte. Ich habe mich dorthin begeben und dort Himmler, Heydrich und Wolff empfangen. Mit diesen bin ich sogleich nach Hochlinden gefahren. Als wir dort ankamen, war es schon dunkel. Bei der Besichtigung des Geländes an der Grenze bei Hochlinden habe ich gesehen, dass Himmler mehrfach Heydrich verständnisvoll zugenickt hat... Die Geheimhaltung wurde dabei so weit getrieben, dass ich Himmler mit ›Herr Doktor‹ statt mit seinem Dienstgrad anreden musste.«

Himmler ließ sich weder das Forsthaus Pitschen, noch den Sender Gleiwitz zeigen. Das betont, welche Bedeutung dem Scheinüberfall auf Hochlinden im Rahmen der gesamten Aktion zukam. Im Fall Pitschen stand zudem bereits fest, daß polnisches Territorium nicht verletzt werden sollte, um unnötige Komplikationen zu vermeiden, während beim Sender Gleiwitz kaum mit großen Schwierigkeiten gerechnet werden mußte.

Aus Gründen der Geheimhaltung und Tarnung besichtigte Himmler Hochlinden in den Abendstunden. Die Anrede »Herr Doktor« war offenbar gewählt worden, um nicht fremden Lauschern Anlaß zu Aufmerksamkeit oder Besorgnis zu geben. SS-Offiziere gab es viele, aber nur einen »Reichsführer«. Schaefer erwähnt neben Himmler und Heydrich einen Mann namens Wolff. Bei ihm handelte es sich um den ehemaligen SS-Obergruppenführer Karl Wolff, Chef des persönlichen Stabes Reichsführer SS. Wolff ist im Zusammenhang mit den Scheinüberfällen nicht weiter in Erscheinung getreten.

II. »Na schön, dann bekommen Sie ihn eben in Zivil«

Die Bereitstellung von Häftlingen als »Konserven«

1. Leitung der Maßnahmen durch Gestapochef Müller

Planung und Vorbereitung der Scheinüberfälle waren nur ein Teil des Unternehmens Tannenberg. Daneben und völlig getrennt wurde der Transport von Häftlingen organisiert. Sie sollten an den drei Überfallorten getötet werden, um die Öffentlichkeit vollends zu täuschen. Diese sollte glauben, es handle sich um im Kampf gefallene polnische Insurgenten. Hier zeigt sich die verbrecherische Skrupellosigkeit, mit der das NS-Regime sich einen Kriegsgrund zu schaffen entschlossen war, besonders deutlich. Denn die Ermordung von Häftlingen, um an den Überfallorten Leichen zu haben, war von Anfang an Bestandteil der Planungen. Dies ergibt sich aus den Aussagen von Mehlhorn über die erste allgemeine Besprechung in Berlin:

> »In die allgemeine Diskussion um die Durchführung der Aktionen warf Müller leichthin den Gedanken ein, man könne auch erwägen, konservierte und entsprechend drapierte Leichen von KZ-Häftlingen an den Überfallorten niederzulegen. Daraufhin gab es ein allgemeines ablehnendes Murren, worauf der Gedanke bei dieser Besprechung überhaupt nicht weiter erörtert wurde.«

Mehlhorn kam allerdings nach seinen Angaben wenig später in einem persönlichen Gespräch mit Müller auf dessen Vorschlag zurück. Mehlhorn erinnerte sich:

»Bei einer der nächsten Gelegenheiten, wo ich mit Müller unter vier Augen zusammentraf, hielt ich diesem vor, wieso er überhaupt etwas derart Ekelerregendes vorschlagen könne. Müller verteidigte mit viel Worten seinen Vorschlag und bemerkte hierzu, dass die KZ-Häftlinge sowieso tot seien. Ich schloss hieraus, dass Müller konservierte Leichen aus einem KZ im Auge hatte. Da es Müllers Aufgabe nach der Planung war, das angebliche Tatgeschehen an den Überfallorten durch die Gestapo aufnehmen zu lassen, meinte ich zu Müller, dass in diesem Falle verkleidete Schaufensterpuppen denselben Zweck erreichen würden. Bei diesem Gespräch hatte ich aber den Eindruck, dass der gesamte Vorschlag mit den sogenannten Konserven gar nicht von Müller stammte, sondern Müller nur von Heydrich in der Besprechung vorgeschickt worden war, um die Stimmung der Teilnehmer zu testen. Dies schloss ich insbesondere aus einer mir noch undeutlich in der Erinnerung haftenden Bemerkung Müllers, es würde ihn nicht wurdern, wenn C uns nicht doch noch ein paar Gefallene herbeizauberte. Mit C war Heydrich gemeint, der sich nach dem angeblichen Vorbild des Intelligence Service mit ›C‹ zu bezeichnen pflegte.«

Hier wird deutlich, daß bei diesem Teil des Unternehmens Müller maßgeblich beteiligt und zuständig war. Bestätigt wird diese Feststellung im übrigen durch eine Aussage des früheren SS-Obersturmbannführers Dr. Alfred Filbert, Leiter der Zentralabteilung III 3/Abwehr im SD-Hauptamt. Filbert gab im Jahr 1964 zu Protokoll:

»So weiss ich genau, dass der damalige SS-Oberführer Müller als Chef der Geheimen Staatspolizei von Heydrich beauftragt war, aus dem KZ die Leichen für den Überfall zu besorgen. Diese wurden ›Konserven‹ im Rahmen der Geheimhaltung genannt. Wie Müller im Rahmen der Geheimen Staatspolizei das durchgeführt hat, ist mir nicht bekannt. Ich bin aber fest überzeugt, dass diese Leichen als Leichen an den Tatort gebracht und nicht am Tatort getötet worden sind. Nähere Einzelheiten habe ich nie erfahren. Es ist mir damals lediglich bekannt geworden, dass Müller diese Leichen ›liefern‹ sollte.«

Müller als Verantwortlicher für die Bereitstellung der »Konserven« – dafür spricht auch die Funktion, die er damals hatte. Dazu Mehlhorn:

»Die Auswahl der Häftlinge hätte meines Erachtens nur Müller vornehmen können, da ihm damals die Schutzhaftabteilung unterstand.«

Auch Hellwig hat später erklärt, Müller habe die Häftlinge ausgesucht. Selbstverständlich sei er nicht persönlich in den Konzentrationslagern gewesen, sondern habe die Auswahl anhand von Akten bestimmt.
Müller hat bei den Planungskonferenzen angegeben, die Gestapo solle später die Überfälle »aufklären«.
Diese Begründung für seine Anwesenheit ist offensichtlich nur vordergründig. Es ist heute nicht mehr zu klären, was die Führer der einzelnen Kommandos von den Plänen mit den »Konserven« erfahren haben. In der Folge-

zeit ist die Verwendung der »Konserven« mit den Führungsspitzen auf jeden Fall ganz offen besprochen und später mit Müller sogar im Detail erörtert worden. So hat Schaefer berichtet:

> »Bei dem Zusammentreffen mit Heydrich und Himmler wurde mir gegenüber von Heydrich angedeutet, dass der Grenzüberfall so echt wie möglich geplant sei und deshalb bei dem Überfall auch Gefallene in polnischen Uniformen auf deutschem Gebiet vorhanden sein müssten. Ich habe dagegen sofort Bedenken gehabt, woraufhin ich beruhigt wurde, dass als Opfer nur zum Tode verurteilte Häftlinge ausgewählt würden. Wie mir weiter mitgeteilt wurde, sollten diese durch eine Einspritzung bewusstlos gemacht und mit einem Pkw von Berlin herangeschafft und an Ort und Stelle niedergelegt werden.«

Auch Müller hat sich mit Schaefer über diese Frage unterhalten, und zwar während einer Dienstreise nach Oppeln. Schaefer darüber:

> »Vor dem Abtransport sollte ein Arzt den Häftlingen eine Betäubungsspritze geben. Auf welche Weise die Häftlinge getötet werden sollten, weiss ich nicht. Es war immer die Rede davon, dass es sich bei den ›Konserven‹ um angeblich zum Tode verurteilte Häftlinge handeln sollte. Die dahingehende Erklärung war offensichtlich als ›Beruhigungspille‹ für mich gedacht. Ich glaube, dass es der damalige SS-Gruppenführer Müller war, der mir gegenüber diese Erklärung abge-

geben hat, als er mein Erstaunen über den beabsichtigten Abtransport der ›Konserven‹ bemerkte.«

Die einzelnen Angehörigen der Überfallkommandos brauchten nicht zu erfahren, daß tote Häftlinge niedergelegt werden sollten. Mit den Führern der Kommandos mußte darüber aber gesprochen werden, um Überraschungen und unüberlegte Reaktionen zu vermeiden. Naujocks wurde zu einem solchen Informationsgespräch nach Oppeln bestellt, weil Müller sich dort aufhielt. Aus den Schilderungen von Naujocks geht hervor, daß mit ihm bereits vorher über eine ›Konserve‹ beim Sender Gleiwitz gesprochen worden ist. Er erklärte zu der Besprechung mit Müller:

»Ich hatte mich laut telefonisch übermittelten Befehls von Heydrich bei Müller in seinem Hauptquartier Oppeln einzufinden. Müller sagte, er hätte ungefähr zwölf oder dreizehn verurteilte Verbrecher, denen polnische Uniformen angezogen werden sollten, und deren Leichen auf dem Schauplatz der Vorfälle liegengelassen werden sollten, um zu zeigen, dass sie im Laufe der Anschläge getötet worden seien. Für diesen Zweck war für sie eine tödliche Einspritzung vorgesehen, die von einem Doktor gemacht werden sollte, der von Heydrich angestellt war; dann sollten ihnen auch Schusswunden zugefügt werden. Nachdem der Anschlag beendet war, sollten Mitglieder der Presse und andere Leute auf den Schauplatz geführt werden; weiter sollte ein polizeilicher Bericht angefertigt werden. Von Müller erfuhr ich, dass auch am Sender Gleiwitz eine solche ›Konserve‹ am Tatort zurückgelassen werden sollte. Ursprünglich sollte der Überfall auf den Sender Gleiwitz ohne eine ›Konserve‹ durchgeführt werden.

Müller erklärte mir, dass auch die von ihm an den Sender zu bringende ›Konserve‹ in eine polnische Uniform gekleidet sein sollte. Ich machte daraufhin Müller klar, dass die von mir in Gleiwitz durchzuführende Aktion unter dem Gesichtswinkel polnischer Insurgenten, das heisst in Zivil, vor sich gehen sollte und nicht mit vorgetäuschten polnischen Soldaten. ›Na schön‹, sagte Müller, ›dann bekommen Sie ihn eben in Zivil. Sie beginnen Ihre Aktion um 20 Uhr, und in der Zeit zwischen 20 Uhr und 20.10 Uhr bringe ich Ihnen die Konserve an den Sender.‹ Ich habe ihm zugesagt, dass ich zwei Mann draussenlasse bei der Aktion, die seinen Beauftragten den Zutritt zum Sendergelände ermöglichen.«

Doch nicht nur Naujocks als der Führer des Unternehmens gegen den Sender Gleiwitz wußte von dem geplanten Verbrechen mit den Leichen. Aufgrund der Hinweise von Müller erfuhren davon auch andere SS-Führer, die maßgeblich an den Scheinüberfällen beteiligt waren. Eine Bestätigung hierfür hat der stellvertretende Leiter der Gestapostelle Oppeln, Dr. D., geliefert.

»Aus den Gesprächen beziehungsweise Bemerkungen der Gruppe Mehlhorn hörte ich heraus, dass im Zusammenhang mit den Grenzzwischenfällen auch Leichen transportiert werden sollten. Für diesen Transport sollte aber nicht Mehlhorn, sondern eine ganz andere Gruppe verantwortlich sein.«

Aus dieser Aussage des Zeugen Dr. D. ergibt sich eindeutig, daß ein besonderes Kommando ausschließlich für den Transport der Leichen bestimmt worden war. Wegen seines besonders kriminellen Charakters mußte hier noch mehr auf strengste Geheimhaltung geachtet werden als bei den anderen Unternehmen. Das »Konservenkommando« ist, wie der Ablauf der Aktionen noch zeigen wird, völlig selbständig tätig geworden. So war es möglich, den Kreis derer, die von diesem Verbrechen erfuhren, recht klein zu halten und nur besonders »zuverlässige« Leute auszuwählen.

2. Erfassung und Abtransport der Häftlinge aus dem KZ Sachsenhausen (»Aktion Konservendose«)

Nach den Plänen Himmlers, Heydrichs und Müllers sind dann schließlich Häftlinge als »Konserven« bereitgestellt worden. SS-Untersturmführer Helmut D. war damals Leiter der politischen Abteilung des Konzentrationslagers Sachsenhausen. Er erinnert sich:

»Kurz vor Beginn des Krieges meldete sich bei mir einer der mir unterstellt gewesenen Angehörigen der politischen Abteilung und trug mir folgendes vor:
Er brauche einen bestimmten Häftling aus dem Schutzhaftlager für irgendeine Angelegenheit und habe daher das Schutzhaftlager gebeten, den Häftling der politischen Abteilung zu überstellen. Daraufhin habe er vom Schutzhaftlager die Mitteilung bekommen, dass ein Mann dieses Namens in der Kartei nicht verzeichnet sei und sich auch niemals im Lager befunden habe. Dies war für mich einfach unvorstellbar, weil zumindest in jener Zeit die Karteien der politischen Abteilung die Abgänge und Zugänge genau erfassten. Wenn daher in der Kartei der politischen Abteilung eine Person als Häftling verzeichnet war, musste sie im Lager sein oder zumindest gewesen sein. Ich habe mir daher die Vorgänge kommen lassen und mich persönlich mit dem Adjutanten des Lagerkommandanten in Verbindung gesetzt und ihn darauf hingewiesen, dass es völlig ausgeschlossen sei, eine Person

als Häftling registriert zu haben, die niemals im Lager gewesen sei. Der Adjutant behielt die Vorgänge zurück und versprach mir, die Angelegenheit zu klären. Zu einem späteren Zeitpunkt gab mir der Adjutant die Vorgänge mit dem Bemerken zurück: ›Dieser Mann gehört zu einer ›Aktion Konservendose‹. Vermerken Sie das auf der Rückseite der Karteikarte.‹
Einige Tage später teilte mir der Adjutant des Lagerkommandanten weitere 10 – 12 Namen mit und wies mich an, auch auf den Karteikarten dieser Häftlinge das Stichwort zu setzen. Falls bezüglich dieser Personen Anfragen oder Rückfragen kämen, sei der Vorgang zur Erledigung dem Lagerkommandanten zuzuleiten. Bei den Häftlingen, auf deren Karteikarten der Vermerk ›Aktion Konservendose‹ zu notieren war, handelte es sich zum Teil um ›Grüne‹, das heisst Berufsverbrecher, zum anderen Teil aber auch um Schutzhäftlinge. Davon, dass diese Häftlinge für die Aktion ›Gleiwitzer Sender‹ bestimmt waren, habe ich seinerzeit nicht die geringste Ahnung gehabt. Der Adjutant ist im Kriege in der Nähe von Poltawa gefallen.«

Von vier der damals im KZ Sachsenhausen bestimmten Gefangenen sind die Namen bekannt. Es handelte sich um »Politische«. Ein weiterer wurde als »BVer«, also als Berufsverbrecher bezeichnet. Von ihm wissen wir, wie er mit Vornamen hieß. Drei jener Häftlinge sind später ins Lager zurückgebracht worden.
Zu den Namen und der Herkunft der Häftlinge hat der ehemalige Lagerälteste des KZs Sachsenhausen, Harry N., ausgesagt:

»Im August 1939 wurden vier Häftlinge (politische) im Auftrag der politischen Abteilung zum Zellenbau gebracht. Es waren die Hamburger Ludwig W. und Harry von B., Walter Sch. aus Wuppertal sowie Wilhelm B. aus Straussberg bei Berlin. Im September 1939 kamen die beiden Häftlinge Ludwig W. und Wilhelm B. wieder nach Sachsenhausen. In diesem Transport befand sich auch ein BV-er, von dem ich nur den Namen Max weiss und der aus Aachen war.«

Rudolf W. war in Sachsenhausen auf der Häftlingsschreibstube tätig. Er musste damals jene vier politischen Häftlinge von deren Arbeitskommandos zur politischen Abteilung holen und hat dazu bekundet:

»Etwa am 20. August 1939 erhielt ich vom Rapportführer die Anweisung, 4 Häftlinge von ihren Arbeitskommandos ins Lager hereinzuholen und dann ans Tor zu stellen. Als mir der Rapportführer den Auftrag gab, stand D. mit einigen Papieren und einigen Häftlingsakten in der Hand im Zimmer. Ich schätze, es waren circa 10 Akten. Zwei in der Strafkompanie untergebrachte Häftlinge habe ich nach kurzer Zeit vom Kommando ›Garagenbau‹ ins Lager gebracht. Ich musste die zwei und später auch die anderen zwei rechts vom Tor in 5 m Entfernung voneinander mit dem Gesicht zur elektrischen Drahtumzäunung aufstellen. Der Grund für diese Massnahme blieb uns zunächst unbekannt. Alle vier Häftlinge mussten nach einer eingehenden Musterung von D. und anderen SS-Führern im Gänsemarsch unter Einhaltung des Abstandes in den Zellenbau marschieren. Dort verblieben sie in Einzelhaft. Jedenfalls wurden sie so in der Lagerstatistik geführt.«

Diese Aussage weist darauf hin, daß die Häftlinge in Sachsenhausen von SS-Führern ausgewählt worden sind, die nicht zum Lager gehörten. Sie trafen mit Hilfe der politischen Abteilung die Entscheidung. Die Vorauswahl dürfte nach den Angaben von Mehlhorn, Filberts und Hellwig in der Abteilung II des Geheimen Staatspolizeiamtes (Gestapo) gefällt worden sein, die damals Heinrich Müller unterstand. Zu dieser Abteilung gehörte das Referat II D Schutzhaft und Konzentrationslager.

Was nun die Geheimhaltung betrifft, so ist nicht anzunehmen, daß der Lagerleitung von Sachsenhausen mitgeteilt worden ist, was mit den ausgewählten »Konserven« geplant war. Das ergibt sich im übrigen auch daraus, daß erst später nach einer Rückfrage das Stichwort »Aktion Konservendose« in die Lagerakten eingetragen worden ist. Der Häftling Rudolf W. hat den Abtransport der vier Gefangenen beobachtet:

»Etwa am 25. August 1939 nach dem Lagerappell wurde ›Lagersperre!‹ angeordnet. Das bedeutete, dass sich ab sofort kein Häftling ausserhalb der Baracke aufhalten durfte. Kurz danach wurde vom Blockführer das Tor geöffnet und drei oder vier schwarze Pkw fuhren in schnellem Tempo zum Zellenbau. Plötzlich, etwa eine 1/2 Stunde später, ertönte in der Häftlingsschreibstube das Klingelzeichen der Blockführerstube vom Tor. Hierauf musste sofort ein »Läufer« nach vorne kommen. Obwohl Lagersperre war und ich mich an sich nicht im Lager bewegen durfte, rannte ich nach vorn ans Tor. Wäre ich nach diesem Signal nicht sofort zum Tor gelaufen, hätte das für mich sehr unangenehme Folgen haben können. Auf halbem Weg sah ich die Autos wieder aus dem Zellenbau rausfahren. Sie kamen etwa mit mir zur gleichen Zeit am Tor an. Dadurch war ich gezwungen mitzuhelfen, das Tor aufzumachen. Bei der Durchfahrt der Pkw konnte ich die vier Häftlinge auf den Rücksitzen der 4 Pkw sitzen sehen, der Haltung nach schwer gefesselt. Am nächsten Tag wurden die vier als ›auf Transport‹ von der Lagerstärke abgesetzt.«

Auch die sogenannten »Berufsverbrecher« dürften auf die gleiche Weise abgeholt worden sein. Wenn ihr Abtransport ebenfalls mit einer »Lagersperre« verbunden war, kann er durchaus unbemerkt geblieben sein. Möglicherweise erfolgte er aber auch nachts.
Was er vom Abtransport bis zu seiner Rückkehr nach Sachsenhausen erlebt hat, schilderte der ehemalige Häftling Ludwig W. so:

»Im Zellenbau war ich drei Tage in Einzelhaft. Nach Ablauf dieser Zeit wurden mir abends gegen 10.30 Uhr meine Zivilsachen ohne Hosenträger und Schuhbänder ausgehändigt; ich wurde dann rasiert und in Handfesseln, begleitet von zwei Zivilbeamten, mit einem PKW zu einem mir unbekannten Berliner Bahnhof gebracht. Von dort fuhr ich mit meinen Begleitern in einem reservierten Abteil nach Breslau. In Breslau

> wurde ich in eine Einzelzelle eines dortigen Gefängnisses gelegt. Ich erinnere mich noch deutlich, dass durch die Zelle mehrere Wasserrohre liefen und in der Decke der Zelle eine grelle Lampe eingebaut war, die in kurzen Abständen aufleuchtete. Nach etwa zehn Tagen wurde mir eröffnet, dass eine Verwechslung vorliege. Ich wurde dann in das KZ Sachsenhausen zurückgebracht und von etwa Ende September 1939 bis zum 11. Mai 1940 im Zellenbau in Dunkelarrest gehalten. An das genaue Datum erinnere ich mich, da es der Geburtstag einer Bekannten war.«

Die drei zurückgekehrten Häftlinge wurden vermutlich deshalb mehrere Monate lang in Einzelhaft gesperrt, weil sie mit niemandem über den Transport und dessen Ziel sprechen sollten. Strikte Geheimhaltung auch hier. Dazu der Lagerälteste Harry N.:

> »Sie wurden wieder in dem Zellenbau untergebracht. Bevor sie in das eigentliche Lager zurückgebracht wurden, liess der Rapportführer mich rufen und sagte mir: ›Sie haben dafür zu sorgen, dass keiner von den anderen Häftlingen die Zurückgekommenen über ihre Erlebnisse ausfragt. Wer das tut, wird mit dem Tode bestraft.‹ Der BV-er Max erzählte mir dann, dass sie im Breslauer Gefängnis untergebracht gewesen seien. Eines Nachts hätte er gehört, wie aus einer Nebenzelle ein Gefangener herausgeholt wurde. Als er daraufhin aus dem Fenster blickte, hätte er gesehen, wie Bewaffnete in ›Räuberzivil‹ einen Lastwagen bestiegen hätten und abgefahren seien.«

Der Häftlingsschreiber Rudolf W. hat dennoch Gelegenheit gehabt, mit den zurückgekehrten Häftlingen ein kurzes Gespräch zu führen. Aus ihm ergibt sich, daß einzelne Gefangene möglicherweise vor dem Abtransport nach Schlesien für kurze Zeit in Arrestzellen der »Gestapozentrale Prinz-Albrecht-Strasse« in Berlin untergebracht worden sind. Über die beiden Gefangenen, die nicht nach Sachsenhausen zurückgekehrt sind, hat Rudolf W. berichtet:

> »Von Walter Sch. und Harry B. hörten wir erst wieder im Dezember 1939 etwas. Am 4. Dezember 1939 erhielt die Häftlingsschreibstube die Anweisung, beide von diesem Tage ab als tot von der Lagerstärke abzusetzen.«

Die in Sachsenhausen ausgesonderten Gefangenen sind zuerst im Gefängnis in Breslau zusammengezogen worden. Das geht aus Erklärungen von Ludwig W. und des »BV-ers Max« hervor. Dagegen konnte nicht geklärt werden, ob das »Konservenkommando« danach erst noch zu einem Ort nahe der Grenze oder direkt zu dem Einsatzpunkt gebracht worden ist. Ein direkter Transport wäre möglich gewesen, wenn das Kommando rechtzeitig den Befehl erhalten hätte. Das Risiko wäre allerdings größer gewesen. Dazu hat Schaefer ausgesagt:

> »Wie ich damals erfahren habe, waren bereits acht Tage vor dem 31. August 1939 der Angriff auf Polen und damit die Grenzüberfälle an der polnischen Grenze geplant. Aus einem mir nicht bekannten

Grunde ist jedoch der Angriff auf einen späteren Zeitpunkt verlegt worden. Wie ich ferner erfuhr, war kurz vor dem zunächst geplanten Angriff ein Kriminalrat von der Gestapo aus Berlin mit seiner Pkw-Kolonne in einen fahrenden Panzerverband hineingeraten. Er hat aufgrund dessen Vorwürfe von dem zuständigen General bekommen. Wie mir ferner damals zu Ohren gekommen ist, hat der erwähnte Kriminalrat die bewusstlosen Häftlinge in seinem Wagen gehabt.«

Die organisatorischen Schwierigkeiten des »Konservenkommandos« dürften schließlich zu dem Entschluß geführt haben, nur in Hochlinden »Konserven« niederzulegen. Beim Forsthaus Pitschen hatte man darauf verzichtet, während für den Überfall auf den Sender Gleiwitz eine Sonderlösung gefunden wurde.

3. Festnahme und Transport des Franz Honiok nach Gleiwitz für die Aktion »Gleiwitzer Sender«

Diese spezielle Entscheidung dürfte im Zusammenhang mit dem Gespräch stehen, das Müller mit Naujocks geführt hat. Müllers Zugeständnis »Na schön, dann bekommen Sie ihn eben in Zivil«, macht deutlich, daß Müller die besondere Lage im Fall Gleiwitz noch nicht völlig durchdacht hatte. Mehrere Kilometer von der deutsch-polnischen Grenze entfernt und dazu noch in einer großen Stadt ein »Insurgent«, der bei einem Überfall erschossen worden war – dazu brauchte man ein Opfer, bei dem verschiedene Voraussetzungen erfüllt sein mußten. Dem Toten mußte zugetraut werden, bei einer derartigen Aktion mitgemacht zu haben. Die Öffentlichkeit hätte das glauben müssen. Die Polizei, die den Vorgang danach schließlich aufzuklären hätte, müßte dem Opfer dies ebenfalls unterstellen können.

Das Opfer mußte folglich mit Polen sympathisieren, dies vielleicht sogar schon öffentlich bekundet haben. Alle diese Voraussetzungen erfüllte der Vertreter für Landmaschinen Franz Honiok aus Hohenlieben in der Nähe von Peiskretscham nördlich von Gleiwitz, einem Ort mit damals etwa 1100 Einwohnern. Honiok war am 20. oder 21. März 1898 dort geboren worden.

Der Rentmeister a.D. Marzian K. hatte häufig Eingaben von Honiok zu bearbeiten. Honiok habe aus einfachsten Verhältnissen gestammt, sei aber ein sehr intelligenter Mann mit einer auffallend guten Handschrift gewesen. Man wußte, daß er dem Polentum zuneigte. So habe er an dem Aufstand im Jahre 1921 auf polnischer Seite teilgenommen, eine rot-weiße Armbinde getragen (die polnischen Nationalfarben) und sei mit einem Gewehr bewaffnet gewesen. Dies sei allgemein aufgefallen, und zwar wegen der geringen Körpergröße und der verwachsenen Gestalt des Franz Honiok. Etwa von 1923 bis 1925 habe er in Polen gelebt, sei danach aber wieder ins Deutsche Reich zurückgekehrt. Daraufhin sei versucht worden, ihn auszuweisen. Honiok habe sich deshalb an das Schiedsgericht für Staatsangehörigkeitssachen beim Völkerbund in Genf gewandt. Dies habe entschieden, daß er die deutsche Staatsangehörigkeit behalten dürfe, weil er seine Heimat nach dem Aufstand zwangsweise verlassen habe.

Er habe aus seiner Sympathie für Polen keinen Hehl gemacht, wenngleich er nicht politisch aktiv geworden sei. Honiok sei nicht straffällig geworden. Wer nun vorgeschlagen hat, diesen Franz Honiok auszuwählen, konnte nicht mehr geklärt werden. Nach den Erläuterungen des Rentmeisters K. darf man jedoch davon ausgehen, daß die Geheime Staatspolizei eine Akte Franz Honiok angelegt hatte. Der frühere stellvertretende Leiter der Gestapostelle Oppeln, Dr. D., hat in diesem Zusammenhang erklärt:

> »Es ist nicht auszuschliessen, dass diese Auswahl direkt durch das Geheime Staatspolizeiamt in Berlin erfolgt ist. Es wurden damals die Personalien zahlreicher Personen, auch aus dem Minderheitenbereich, nach Berlin gemeldet. Diese Meldungen erfolgten aus den

Bezirken der Stapostellen und hier insbesondere aus dem Bereich Spionageabwehr.«

Müller hat das Gespräch mit Naujocks über die ›Konserve‹ für den Sender Gleiwitz in Oppeln geführt. Deshalb kann er unmittelbar danach mit der örtlichen Gestapostelle Kontakt aufgenommen und darum gebeten haben, einen mit Polen sympathisierenden Mann zu benennen. Was mit diesem Mann geplant war, dürfte Müller auch dann noch nicht offen gesagt haben.
Franz Honiok ist am 30. August 1939 in Hohenlieben festgenommen worden. Den Ablauf hat der damalige Kriminalsekretär Karl N. geschildert. Er war seinerzeit bei der Gestapostelle Oppeln in der Abteilung für Minderheiten tätig. N. ist im Jahr 1968 einige Monate nach seiner letzten Befragung gestorben. Er hat ausgesagt:

»Es war vor Ausbruch des Zweiten Weltkrieges, als ich in das Zimmer des Assessors, dies war der Stellvertreter von Schaefer, gerufen wurde. In dem Zimmer sass am Schreibtisch ein SS-Sturmbannführer. Neben ihm stand ein SS-Sturmführer in feldgrauer Uniform, der mir gleichfalls nicht bekannt war. Ausserdem standen noch ein Kriminalinspektor aus Breslau und Dr. D. bei dem Schreibtisch. Mir ist in Erinnerung, dass dieser Inspektor aus Breslau gekommen sein sollte. Der Sturmbannführer redete den Inspektor mit seinem Dienstgrade an. Ich nehme an, dass der Name nicht bekannt werden sollte. Nachdem ich mich vor dem Schreibtisch aufgestellt hatte, erklärte mir der Sturmbannführer etwa wörtlich: ›Das, was Sie heute sehen, darüber dürfen Sie weder heute, noch in hundert Jahren zu irgend jemand etwas sagen.‹ Mir war das Schweigegebot mit solchem Nachdruck auferlegt worden, dass ich damals unter keinen Umständen – auch dem engsten Freunde nicht – von meinem Wissen um den Scheinüberfall berichtet hätte. Der Sturmbannführer fragte mich sodann, ob ich Polnisch könne. Nachdem ich bemerkt hatte, dass ich mich in der polnischen Sprache verständigen könne, sagte mir der Sturmbannführer: ›Nun, dann fahren Sie mal mit dem Inspektor. Nehmen Sie Ihr Schliesszeug mit.‹ Hiermit waren Handschellen gemeint, die ich dann noch in meinem Dienstzimmer holte. Der Inspektor steckte sich beim Weggang einen Zettel in die Tasche. Ich nehme an, dass darauf eine Adresse notiert war. Mit dem Inspektor ging ich dann zu einem vor dem Hause stehenden PKW der Gestapostelle Oppeln. Der Wagen unserer Dienststelle wurde von einem Fahrer, der gleichfalls zur Gestapostelle Oppeln gehörte, mir aber namentlich nicht mehr in Erinnerung ist, gesteuert. Der Inspektor setzte sich neben unseren Fahrer, während ich hinten im Fahrzeug Platz nahm. Es war gegen Mittag, als wir in Richtung Großstrehlitz abfuhren. Die Fahrt führte weiter über Tost, Peiskretscham, wo wir an der Bergschule in die Strasse nach Hohenlieben einbogen. Am Gasthaus in Hohenlieben hielten wir an.«

Bei dem Gasthaus handelte es sich um das Restaurant Jarzombek. Die damalige Wirtin zur Festnahme Honioks:

»Ich erinnere mich, dass eines Tages – es war kurz vor Kriegsbeginn – zwei Zivilisten, die ich vorher noch nie gesehen hatte, in Begleitung des Landjägermeisters M. in unsere Gaststätte kamen. Alle drei setzten sich an einen Tisch und bestellten bei unserer Angestellten Helena K. zwei Gläser Bier. Es könnte sein, dass M. nichts trank, da er sich in Uniform befand. Bezahlt haben sie gleich. Inzwischen hatte ich das Mittagessen fertig und ich liess durch Helena unseren damals 13 Jahre alten Sohn Friedhelm rufen. Helena kehrte zurück und erzählte, dass Friedhelm von dem Landjägermeister M. zu Honiok geschickt worden sei, um diesen zu holen. Ich war zunächst darüber erbost, dass M. meinen Sohn weggeschickt hatte, ohne mich zu fragen. Noch bevor mein Sohn zurückkehrte, gingen die drei nach draussen. Sie könnten sich insgesamt etwa zehn bis fünfzehn Minuten bei uns aufgehalten haben.«

Wie die Wirtin weiter berichtete, ist ihr Sohn Friedhelm aber nicht zur Familie Franz Honiok gegangen, sondern zu einer verwandten Familie gleichen Namens. Angaben eines Bruders von Franz Honiok ist zu entnehmen, dass dieser unter dem Vorwand in die Gaststätte gelockt werden sollte, dort warteten Kunden, die landwirtschaftliche Geräte bestellen wollten.

Der Sohn der Wirtin dürfte den vor dem Restaurant wartenden Beamten gesagt haben, daß er Franz Honiok nicht erreicht habe. Daraufhin entschloß sich der Inspektor, selbst in die Wohnung zu gehen. Karl N. berichtete darüber:

»Er bewegte sich in Richtung zum Dorfinnern. Nach etwa 10 Minuten kam der Inspektor in Begleitung eines kleinen verwachsenen Mannes zurück, dessen Alter ich auf etwa 30 bis 40 Jahre schätzte. Der Inspektor führte diesen Mann, der einen einfachen grauen Anzug trug, am Ärmel.

Der Inspektor trug Zivil, als er den Mann abholte. Nach dem ganzen Benehmen des Mannes nehme ich an, dass er überrascht war, plötzlich abgeholt zu werden. Der Mann wirkte ›richtig verdattert‹. Der Inspektor kehrte schon nach sehr kurzer Zeit zu unserem Fahrzeug zurück, so dass er sich nicht lange im Dorf aufgehalten haben kann. Ich nehme auch an, dass er uns nicht hat vorfahren lassen, weil er jegliches Aufsehen vermeiden wollte. Der Mann war noch keine 160 cm gross und gehörte nach seiner Kleidung zur dörflichen Bevölkerung. Er war erkennbar verwachsen, hatte dunkelblondes Haar und verarbeitete Hände.

Der Mann wirkte ruhig und gelassen, sprach jedoch kein Wort. Der Inspektor wies dem Manne den Platz neben mir an und wir fuhren sodann nach Beuthen zur dortigen Polizeikaserne. Auf dem Hof der Polizeikaserne verliess uns der Inspektor, wobei er zu mir sagte: ›Sie haften mit Ihrem Kopf für den Kerl.‹ Wir warteten nun in dem Hof der Kaserne etwa 4 Stunden lang auf die Rückkehr des Inspektors. Bei unserer Ankunft in Beuthen war es meiner Schätzung nach etwa 16.00 Uhr. Während wir auf dem Kasernengelände warteten, holte der Fahrer etwas Brot und Wurst sowie alkoholfreie Getränke. Ich gab dem Mann von den geholten

Sachen zu Essen und zu Trinken. Dies tat er dann auch an seinem Platze im Auto. Gefesselt war der Mann zu keiner Zeit. Er wirkte etwas apathisch und hielt seinen Kopf stets gesenkt. Der Mann war nicht zum Reden zu bewegen.

Nach etwa 4 Stunden kam der Inspektor zurück. Es war bereits finster. Der Inspektor sagte mir: ›Fahren Sie zur Dienststelle Oppeln zurück und nehmen Sie den Mann in Verwahrung, aber so, dass er mit niemanden zusammenkommt.‹ Ich glaube mich noch zu erinnern, dass der Inspektor hinzugefügt hat: ›Der Mann muss anonym bleiben. Es wird keine Einlieferungsanzeige gemacht.‹

Der Inspektor blieb in der Polizeikaserne zurück, und ich setzte mich nun an seiner Stelle neben den Fahrer. Wir fuhren zurück nach Oppeln, wo wir etwa gegen Mitternacht eintrafen.

Ich erhielt den Befehl, den Mann nicht im Gefängnis, sondern in der Aktenkammer einzuschliessen. Die Aktenkammer hatte kein Fenster, sondern war zum Flur hin mit einem Gitter abgeschirmt. In der Kammer stand eine Bank, auf der der Mann nächtigen konnte. Ausserdem schaffte ich vom Hausmeister einige Dekken heran. Die Bewachung des Mannes während der Nacht dürfte durch die im Nebenraum befindliche Hauswache erfolgt sein.

Im Laufe des nächsten Vormittags wurde ich zu Dr. D. gerufen, der mir befahl: ›Sie nehmen jetzt den Mann und liefern ihn ins Pol.-Gefängnis Gleiwitz ein.‹ Ich erhielt 50 Reichsmark als Zehrgeld. Mit dem gleichen Wagen und demselben Fahrer wie am Vortage fuhren

wir dann, nachdem ich den Mann aus der Aktenkammer abgeholt hatte, nach Gleiwitz. Der Mann sass wieder hinten im Wagen und er sprach auch jetzt kein Wort. Er wirkte ausgeruht und es fiel mir nichts Besonderes an ihm auf.
Kurz nach Mittag kamen wir in Gleiwitz an, wo der Mann zunächst mit dem Fahrer im Wagen verblieb, der auf dem Hof des Pol.-Gefängnisses stand. Ich begab mich zu den Diensträumen der Gestapostelle, wo ich mich bei einem Sturmführer melden sollte. Es handelte sich dann um den gleichen Sturmführer, der auch bei der Besprechung am Vortage zugegen gewesen war. Ich wurde in ein Zimmer geführt, in dem der Sturmführer mit zwei weiteren Herren in Zivil sass. Der Sturmführer trug die Uniform mit den drei Sternen als Rangabzeichen. Bei den beiden Zivilisten handelte es sich nicht um Angehörige der Gestapostelle Gleiwitz. Dies kann ich deshalb mit Bestimmtheit sagen, weil mir die Angehörigen der Gestapostelle Gleiwitz bekannt waren.
Nachdem ich mich gemeldet hatte, erhielt ich von dem Sturmführer den Befehl, den Mann im Polizeigefängnis in Gleiwitz einzuliefern, wo dieser jedoch isoliert gehalten werden sollte. Der Sturmführer schenkte mir noch zwei Kognaks ein und entliess mich dann mit dem Bemerken: ›Bei Dunkelwerden kommen Sie wieder mit Ihrem Wagen zum Polizeigefängnis.‹ Ob der Sturmführer mir eine genaue Uhrzeit genannt hat, vermag ich heute nicht mehr anzugeben.«

Die äußeren Umstände weisen darauf hin, daß Honiok möglichst unauffällig festgenommen werden und aus Hohenlieben verschwinden sollte. Außerdem wollte die Gestapo die örtliche Polizei so wenig wie möglich in die Angelegenheit einweihen und Honioks Namen nicht registrieren lassen. Kriminalsekretär Karl N. ist wegen seiner Sprachkenntnisse hinzugezogen worden. Den Namen Franz Honiok hat er »damals nicht gekannt«.
Der »Sturmbannführer«, der »Inspektor«, der »Hauptsturmführer« sowie »die beiden Zivilisten« dürften alle dem »Konservenkommando« direkt angehört haben. Daß die Gestapostelle Oppeln eingeschaltet worden ist, war nach der Erinnerung von Dr. D. damals nichts Außergewöhnliches:

»Die von N. angeführte Besprechung oder Befehlserteilung hat auch nach meiner Erinnerung stattgefunden. Es handelte sich um eine ganz kurze Sache, bei der ich nicht anzugeben vermag, welche Personen ausser mir und N. noch zugegen waren. Ich glaube auch nicht, dass ich die betreffenden Herren vorher oder nachher nochmals gesehen habe. N. ist für einen kurzen besonderen Einsatz herangezogen worden aufgrund seiner besonderen Sprachkenntnisse auf dem Gebiet der polnischen Minderheiten. Festnahmen erfolgten immer wieder einmal und waren in unserem Dienstbereich nichts Außergewöhnliches. Es kam auch wiederholt vor, dass auswärtige Beamte in unserem Bezirk Diensthandlungen vornahmen. Sie meldeten sich dann auf unserer Dienststelle.«

Weitere Einzelheiten über die beiden SS-Führer und den Inspektor, die nach Oppeln gekommen waren, sind nicht bekanntgeworden. Der damalige Landjägermeister M. aus Hohenlieben konnte sich nur noch daran erinnern, den Boten zu Honiok geschickt zu haben. Was der Kriminalinspektor und seine Begleiter gewollt haben, wußte auch er nicht. Man darf davon ausgehen, daß diese drei Leute M. nur als ortskundigen Begleiter brauchten.

Im übrigen ist es höchst unwahrscheinlich, daß in Oppeln über die Auswahl der »Konserve« gesprochen worden ist. Immerhin blieben nur noch etwa dreißig Stunden bis zum Beginn des Scheinüberfalls auf den Gleiwitzer Sender. Aus der Anwesenheit des Kriminalinspektors kann geschlossen werden, daß die Verhaftung Honioks längst angeordnet war. Auch sollte Franz Honiok wohl ursprünglich in der Polizeikaserne Beuthen und nicht in Oppeln eingesperrt werden. Deshalb waren in Oppeln keine weiteren Vorbereitungen zu treffen und somit Angaben über den Zweck der Festnahme gleichfalls nicht erforderlich. Es konnte also die befohlene strenge Geheimhaltung ohne große Schwierigkeiten gewahrt werden.

Der Sturmbannführer sowie der Hauptsturmführer dürften die Gestapostelle bald wieder verlassen haben. Vermutlich deshalb konnte der Kriminalinspektor von der Polizeikaserne Beuthen aus keinen verantwortlichen SS-Führer erreichen, als er feststellen mußte, daß Honiok in Beuthen nicht unterzubringen war. Der SS-Hauptsturmführer dürfte zu dieser Zeit bereits unterwegs nach Gleiwitz gewesen sein, denn dort hat ihn am nächsten Tag der Kriminalsekretär Karl N. mit den beiden Zivilisten angetroffen. Wer diese waren – man weiß es nicht mehr. Auf jeden Fall SS- oder SD-Leute des »Konservenkommandos«. Das geht aus dem hervor, was dann am 31. August 1939 in Gleiwitz geschah.

III. »Ihr seid wohl verrückt geworden«

Bereitstellung der Kommandos und Sicherungsmaßnahmen in den Einsatzräumen. Der zu frühe Vormarsch des Kommandos Hochlinden am 25. 8. 1939 und dessen Folgen

Am 23. August 1939 legte Hitler den Angriff auf Polen (»Fall Weiß«) auf den 26. August fest. Am Nachmittag des 25. 8., also buchstäblich in letzter Stunde, verschob er diesen Termin. Es war nämlich bekanntgeworden, daß Großbritannien mit Polen einen Beistandspakt abgeschlossen hatte.
Mit dem Angriffsbefehl Hitlers rückten die Kommandos Hochlinden und Pitschen in ihre Einsatzräume ein. Das Kommando Naujocks für den Sender Gleiwitz befand sich demgegenüber bereits seit mindestens zehn Tagen in Wartestellung.

1. Die Maßnahmen des Kommandoführers Naujocks in Gleiwitz

Während dieser Zeit traf Naujocks in Gleiwitz seine Vorbereitungen. Er hat dazu berichtet:

> »Für mich kam es in erster Linie darauf an, wie der Sender abgesichert war, ob wir da eindringen konnten, ohne dass gleich eine Gegenaktion von deutscher Polizei erfolgt. Aber die Sicherungsmassnahmen des Senders waren so lax, dass sie mir keine Sorge bereiteten. Ich habe das Gelände erkundet und speziell den Eingang. Überraschenderweise war keine Werkschutzpolizei vorhanden. Selbst das Tor wurde nur zeitweise von einem Pförtner bewacht. Das war also alles gar kein Problem. Keiner von uns hat vorher das Sendergelände betreten. Wir haben uns in Gleiwitz wie normale Zivilisten benommen, die irgendwelchen Geschäften nachgehen. Ich war aber darauf vorbereitet, als Händler getarnt den Sender zu erkunden, wenn es nötig gewesen wäre.«

Naujocks hat außerdem den Wortlaut der Ansprache entworfen, die während des Überfalls über den Sender verlesen werden sollte. Er erklärte hierzu: »Die habe ich selber verfasst und dann übersetzen lassen ...«
Offensichtlich hat Naujocks die Lage am Sender nicht laufend beobachtet. Darauf weist jedenfalls die Aussage seines Fahrers Fedor J. hin:

»Ich habe Naujocks einmal auch zum Sender gefahren, wobei Naujocks das Fahrzeug aber nicht verlassen hat.«

Dort sind später die Sicherungsmaßnahmen allerdings verschärft worden. Der Postoberamtmann Erich N. war früher am Sender tätig. Er hat später in einem Bericht mit dem Titel *Der Überfall* dazu mitgeteilt:

»Etwa am 21. August 1939 wurde zur Sicherheit der gesamten Senderanlage in dem Wohngebiet Tarnowitzer Landstrasse 131 eine Postschutzwache in Stärke 1/12 (1 Wachhabender und 12 Mann) eingesetzt, der die Bewachung des gesamten Geländes oblag. Eine gleiche Maßnahme war bei anderen lebenswichtigen Objekten von der Polizei übernommen worden. Die Wohnungsinhaber mußten die Schlüssel zu den beiden Eingangspforten des vollständig umzäunten Geländes abgeben. Einlaß erfolgte nur durch die Postschutzwache, die durch einen Klingelknopf herbeigerufen werden konnte. Hausfremde wurden durch die Wache zum Betriebsleiter beziehungsweise zu den Wohnungsinhabern geleitet. Am 28. August wurde der Postschutz zurückgezogen und durch eine Wache der Polizei in Stärke 1/6 ersetzt.«

Diese Darstellung bestätigt im übrigen auch der damalige Polizeimajor Karl L.:

»Zu dem von mir geführten Polizeiabschnitt I in Gleiwitz gehörte auch das Gelände des dortigen Sen-

ders. Dieser lag an der Tarnowitzer Landstrasse. Er befand sich im Bereich des 4. Polizeireviers.
Für den Fall von besonderen Krisensituationen hatten wir innerhalb der dortigen Schutzpolizei einen sog. Objektschutz vorbereitet, der die Sicherung wichtiger Versorgungseinrichtungen, Verkehrsknotenpunkte, Brücken usw. durch Polizeiwachen vorsah. Zu den geschützten Objekten gehörte auch der Gleiwitzer Sender. Im Hinblick auf die vor Kriegsausbruch sich abzeichnenden Spannungen wurde in der letzten Augustwoche 1939 der Objektschutz eingesetzt. Die Bewachung des Senders Gleiwitz erfolgte durch das 4. Polizeirevier.«

Am Nachmittag des 31. Augusts 1939 wurde die Wache für den Schutz des Objektes Gleiwitzer Sender überraschend abgelöst. Karl L. berichtet weiter:

»Am 31. 8. 1939 wurde ich zu dem Kommandeur der Schutzpolizei in Gleiwitz bestellt, der mir in Gegenwart des Sachbearbeiters für Einsatzangelegenheiten eröffnete, dass die Polizeiwache am Gleiwitzer Sender zurückgezogen werden sollte, da ab sofort Sicherheitspolizei den Schutz des Senders übernähme. Dies entspräche einer besonderen Anordnung des Reichsführers SS und Chefs der Deutschen Polizei, Heinrich Himmler.
Der Befehl, die Polizeiwache vom Sender Gleiwitz zurückzuziehen, überraschte mich sehr. Auf meine Frage, warum gerade dieses Objekt aus dem Schutz durch meine Polizeieinheiten herausgenommen wurde, er-

hielt ich lediglich die Erklärung, dass Himmler den entsprechenden Befehl gegeben habe. Über die der Wachablösung vorangegangenen Telefonate pp. zwischen dem damaligen Stellv. Polizeipräsidenten, Regierungsdirektor Sch., und der Reichsführung SS in Berlin gibt ein Brief Aufschluss, den Frau Margarete Sch. im Jahre 1962 an meine Frau geschrieben hat.«

In diesem Brief heißt es unter anderm:

»Eines Tages – 31. 8. 39 – erschien früh im Präsidium ein Obersturmbannführer der SS und verlangte, dass die Polizei vom Sender abgezogen werden sollte. Mein Mann rief den Kommandeur und beide verlangten einen Befehl von Himmler, der nach einem Blitzgespräch mit Berlin eintraf.«

Die neue Wache der Sicherheitspolizei war der Zahl nach schwächer als bisher. Hierzu der Postoberamtmann Erich N.:

»Jeden Mittag erfolgte die Wachablösung, so auch am 31. August. Gegen 16 Uhr erschien jedoch eine neue Polizeieinheit in Stärke 1/3 und löste die vor wenigen Stunden aufgezogene Wache ab. Nur 2 Posten waren ständig im Gelände zwischen Grundstückseingang, Sender- und Wohngebäuden und dem Turm unterwegs, während der dritte Posten und der Wachhabende sich im Wachlokal aufhielten und die Eingangspforte bedienten.«

Diese Wache zog offenkundig nur zum Schein auf. Während des Überfalls auf den Sender trat sie Naujocks und seinen Leuten nicht entgegen. Sie hat von dem Unternehmen folglich gewußt.
Zumindest von der letzten Wachablösung muß Naujocks unterrichtet worden sein. Es lag schließlich in seinem Interesse, jedes Risiko auszuschalten. Er selbst gab sich auch Mühe, vielleicht hatte er einen Befehl bekommen, entsprechend vorzusorgen. Dies geht aus der Aussage des früheren Leiters des Grenzkommissariats Gleiwitz, Egon N., hervor:

> »In Gleiwitz habe ich auf der Dienststelle den damaligen Sturmbannführer *Naujocks* vom SD-Hauptamt kennengelernt. Er war in Zivil und deutete mir an, daß er sich in besonderem Auftrag in Gleiwitz aufhielte. Es handele sich um eine ›Geheime Reichssache‹. Näheres erfuhr ich zunächst nicht.
> Außer *Naujocks* hielten sich noch einige andere Herren – vermutlich auch aus Berlin – in Gleiwitz auf. *Naujocks* und auch die anderen Herren wohnten im ›Haus Oberschlesien‹. Ich bin ein- oder zweimal von *Naujocks* dort abends zu einem Umtrunk eingeladen worden. Er hat dies offenbar getan, weil er annahm, ich hätte abends Langeweile.
> Es kann etwa 3 oder 4 Tage vor Ausbruch des Krieges gewesen sein, als ich Näheres über die Aufgaben, die *Naujocks* in Gleiwitz durchzuführen hatte, erfuhr. Er erklärte mir, daß am Abend des betreffenden Tages während der Nachrichtensendung ein Überfall auf den Gleiwitzer Sender und zwar angeblich von Polen er-

> folgen würde. In Wirklichkeit sei der Überfall jedoch inszeniert und würde von ihm und seinen Leuten ausgeführt werden. Einer seiner Leute würde einen Aufruf in polnischer Sprache verlesen. Er halte es für seine Pflicht, mich zu informieren, damit ich nicht als Leiter des Grenzpolizeikommissariats, wenn ich von dem Überfall erfahren würde, Fahndungsalarm auslöse. Über Einzelheiten der Durchführung des angeblichen Überfalles sagte er mir nichts. An dem betreffenden Abend erfolgte der angebliche Überfall jedoch nicht, sondern erst am 31.8.39, am Abend vor dem Kriegsausbruch.«

Nach dieser Darstellung hat Naujocks den Leiter des Grenzkommissariats Gleiwitz am 25. August von dem ursprünglichen Angriffstermin auf Polen unterrichtet. Folglich muß er eine Vorausmeldung aus Berlin bekommen haben. Am Nachmittag und Abend jenes 25. Augusts hat Naujocks aber keine Vorbereitungen mehr für den Überfall getroffen. Gleichzeitig sind jedoch die Kommandos Hochlinden und Pitschen ausgerückt und erst später zurückgerufen worden. Dies spricht dafür, daß Naujocks von Heydrich eine besondere Information erhalten hat. Das bestätigt im übrigen der Ablauf am Abends des 31. Augusts 1939.

SS-Gruppenführer Reinhard Heydrich

Das Konzentrationslager Sachsenhausen-Oranienburg

– die Lagerstraße von innen hinter dem Kommandanturgebäude (linke Seite, oben)

– der Zellenbau (linke Seite, unten)

Reichsführer SS Heinrich Himmler

SS-Gruppenführer Heinrich Müller

Das angebliche Grab des ehemaligen Gestapochefs auf dem ehemaligen Standortfriedhof 61 in Berlin

Franz Honiok, der erste Tote des Zweiten Weltkriegs

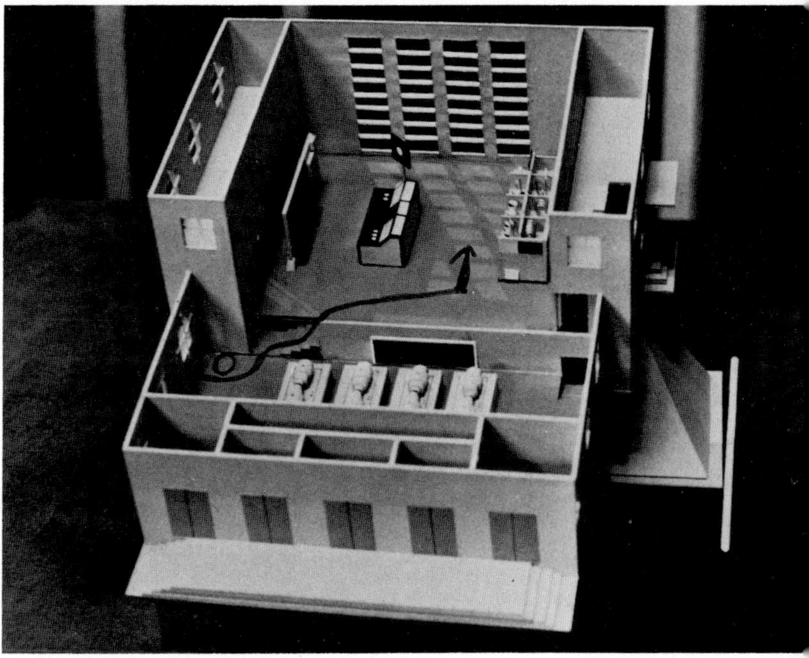

Modell des Senders Gleiwitz – der Senderaum
(die eingezeichnete Linie zeigt den Weg der Gruppe Naujocks, der Kreis markiert die Stelle, an der Franz Honioks Leiche lag)

◁ Sender Gleiwitz. Blick von der Straße in Richtung auf den Sendemast

◁ Modell des Senders Gleiwitz – Gesamtansicht

Die Gastwirtschaft Jarzombek in Hohenlieben

2. Einrücken der Kommandos Hochlinden und Pitschen in die Einsatzräume

Kurz bevor der »Fall Weiß« ausgelöst wurde, sind am Morgen des 23. August 1939 alle SS-Männer von Bernau ausgerückt. Zum Transport standen Lastkraftwagen zur Verfügung. Einer der Fahrer war Wilhelm K.

> »Es waren etwa 30 Lastkraftwagen. In Oppeln erfolgte eine Aufteilung. Eine Kolonne von etwa 10 Fahrzeugen, der ich selbst angehörte, setzte sich umgehend erneut in Marsch. Der Ort Pitschen war unser Endziel.«

Hieraus ergibt sich, daß etwa ein Drittel der SS-Leute für den Einsatz in Pitschen vorgesehen war, während zwei Drittel in Hochlinden eingesetzt werden sollten. Heinrich W. gehörte ebenfalls zum Kommando Pitschen.

> »Wir bestiegen gruppenweise die LKWs, so daß etwa 15 bis 16 Mann auf einem LKW Platz nahmen.«

Da zu dieser Kolonne von ungefähr 30 Lastkraftwagen ein Verpflegungszug mit Feldküche sowie vermutlich auch ein Transportwagen gehörten, kommt man auf insgesamt etwa 350 SS-Männer einschließlich der Fahrer. Hellwig hat einmal von 250 Leuten gesprochen. Dies dürften die Angehörigen seines Kommandos gewesen sein.
Weil die Einsatzpläne später erheblich geändert worden

sind, wurde schließlich nur ein Teil jener SS-Leute benötigt. Bei der Abfahrt in Bernau trug das Kommando Hellwig die grau-grünen Uniformen der Grenzpolizei. Die polnischen Uniformen wurden verpackt mitgenommen. Das Kommando Rasch hingegen erhielt bereits in Bernau das Räuberzivil für den Einsatz in Pitschen. Der damals von der Grenzdienststelle Andreashütte nach Bernau abkommandierte Polizeibeamte Georg H. berichtet:

> »Unsere Fahrt nach Pitschen erfolgte in minderwertiger Kleidung, die man uns zuvor ausgehändigt hatte. Ich erinnere mich auch noch daran, daß wir keinerlei Papiere etc. mitnehmen durften, die auf unsere deutsche Nationalität hinweisen konnten.«

Josef Grzimek war inzwischen Putzer des SS-Sturmbannführers Karl H. geworden. Er berichtet:

> »Vor Antritt der Fahrt wurde uns ausdrücklich verboten, aus den Fahrzeugen herauszusehen, andere Menschen anzusprechen oder uns in Gespräche einzulassen.«

Die Kolonne fuhr zunächst nach Breslau. Dort wurde am Nachmittag Verpflegung gefaßt. Das hat der Führer des Verpflegungszuges, Arno W., bestätigt. Dann ging die Fahrt weiter nach Oppeln. Dort trennten sich die beiden Kommandos. Etwa zehn Lastkraftwagen des Kommandos Rasch fuhren Richtung Nordost nach Pitschen. Das Kommando Hellwig machte auf der Fahrt nach Hochlinden in Beuthen Station. Darüber der Zugführer Georg K.:

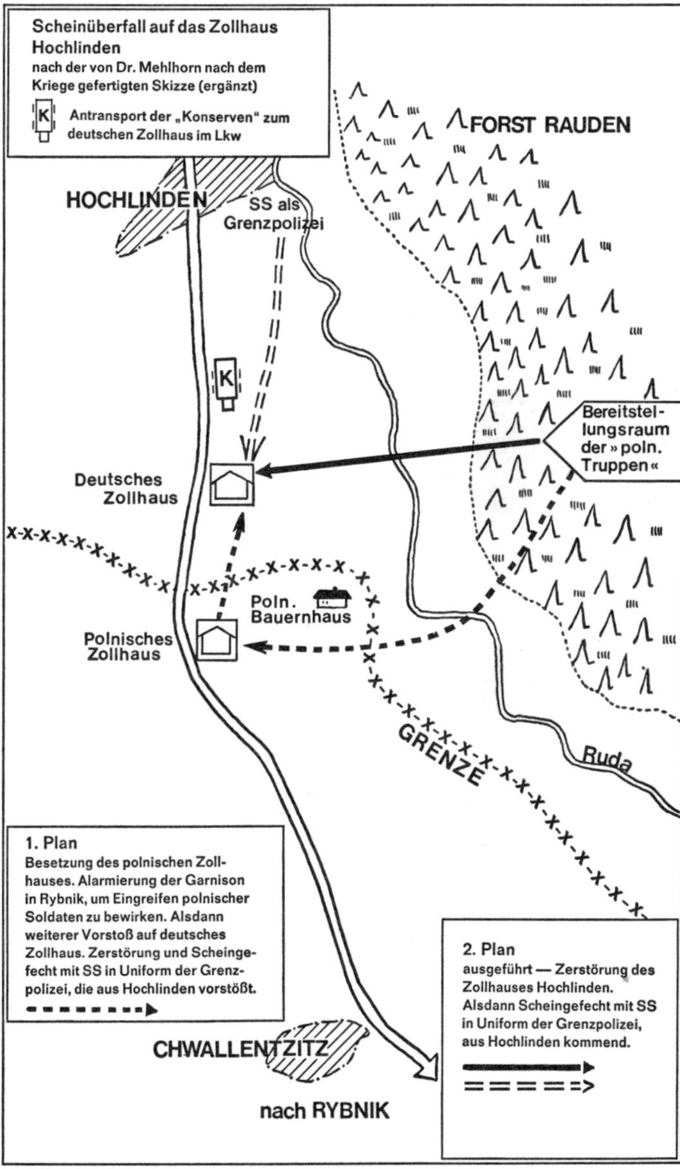
Scheinüberfall auf das Zollhaus Hochlinden
nach der von Dr. Mehlhorn nach dem Kriege gefertigten Skizze (ergänzt)
K
Antransport der „Konserven" zum deutschen Zollhaus im Lkw
FORST RAUDEN
HOCHLINDEN
SS als Grenzpolizei
K
Bereitstellungsraum der »poln. Truppen«
Deutsches Zollhaus
Poln. Bauernhaus
Polnisches Zollhaus
GRENZE
Ruda
1. Plan
Besetzung des polnischen Zollhauses. Alarmierung der Garnison in Rybnik, um Eingreifen polnischer Soldaten zu bewirken. Alsdann weiterer Vorstoß auf deutsches Zollhaus. Zerstörung und Scheingefecht mit SS in Uniform der Grenzpolizei, die aus Hochlinden vorstößt.
CHWALLENTZITZ
nach RYBNIK
2. Plan
ausgeführt — Zerstörung des Zollhauses Hochlinden. Alsdann Scheingefecht mit SS in Uniform der Grenzpolizei, aus Hochlinden kommend.

»In Beuthen wurden wir in der alten Ulanenkaserne untergebracht. In der Nacht erhielten wir polnische Waffen, polnische Uniformen und polnisches Lumpenzivil ausgehändigt. In Beuthen hat man uns auch mitgeteilt, daß wir eingesetzt werden sollten, und zwar an der deutsch-polnischen Grenze bei Hochlinden.«

Nach dieser Schilderung ist anzunehmen, daß die bereits in Bernau in Säcke verpackten polnischen Uniformen und Waffen, die offenbar nicht ausreichten, aus Beuthener Beständen ergänzt wurden. Am 24. August trafen die Kommandos in ihren Quartieren nahe der Einsatzorte ein. Die SS-Leute des Kommandos Hellwig bezogen den Saal einer Gastwirtschaft im Dorf Ehrenforst. Hellwig, Trummler und der übrige Führungsstab wohnten im Schloß des Fürsten zu Hohenlohe-Oehringen. Nach Ankunft in Ehrenforst gab Hellwig an Mehlhorn diese verschlüsselte Meldung durch:

»Schneider an Schlosser. Wir sind gut angekommen und haben im Gasthaus Quartier gemacht.«

Das Kommando wurde von der Umwelt hermetisch abgeriegelt. Hierzu Josef Grzimek:

»Sämtliche Ausgänge wurden sofort mit Posten besetzt, und wir durften uns außerhalb des uns zugewiesenen Saales, auch in den übrigen Räumen des Gasthauses, insbesondere im Schankraum, nicht bewegen.«

Hellwig bemerkte in diesem Zusammenhang:

»Es mußte darauf geachtet werden, daß die Soldaten nicht mit der Zivilbevölkerung zu eng zusammenkamen. Zu den bisherigen Einschränkungen kam nunmehr ein absolutes Alkoholverbot dazu. Seit der Abfahrt aus Bernau durfte keine Post mehr geschrieben oder empfangen werden.«

Die SS-Führer waren der LKW-Kolonne in PKWs gefolgt. Am Tage nach der Ankunft in Ehrenforst besichtigten sie das Gelände an der Grenze. Dazu SS-Sturmbannführer H.:

»Der Führungsstab, d.h. Dr. Trummler, Hellwig, ich und einige andere unternahmen am nächsten Tag mit zwei PKWs eine Besichtigungsfahrt in den Einsatzraum, den wir, uns vorsichtig nach allen Seiten dekkend, dann durchschritten, wobei wir uns in einer gewissen Entfernung von der Grenze hielten.«

Außerdem führte der Stab noch zahlreiche einzelne Besprechungen. Josef Grzimek:

»Das war am 24. August 1939. Ich beobachtete hier ein ständiges Kommen und Gehen, und zwar auf dem Schloß des Fürsten Hohenlohe, wo ich als Putzer von H. einquartiert war. Außer den bereits genannten SS-Führern und Unterführern erschienen auf dem Schloß laufend SS-Führer und Unterführer, die sich dort an Besprechungen beteiligten und alsbald wieder abreisten.«

Das Kommando Rasch machte in Pitschen im Gasthof Wyrich Quartier. Die zehn Lastkraftwagen wurden auf einem großen Brauereihof abgestellt, der zu dem Gasthof gehörte. Der Hof war von einer Mauer umgeben. Die SS-Leute schliefen auf den Dachböden der Ställe und der Brauerei. Einige der SS-Führer hatten Gästezimmer bezogen. Der Grenzpolizeibeamte Heinrich W.:

> »Die Planen der Lkws waren geschlossen. Wir fuhren die ganze Nacht hindurch bis zum nächsten Morgen. Durch einen kleinen Spalt am Verschluß der Planen konnte ich sehen, daß wir in Oberschlesien waren. Wir hielten dann auf dem Hof einer Gastwirtschaft, wo wir den Lkw verlassen und sofort über eine an der Außenwand eines Gebäudes angebrachte Holztreppe auf einen Heuboden steigen mußten. Nach meiner Erinnerung sind etwa 3 – 4 Lkws bei dem Gebäudekomplex, wo wir hielten, vorbeigefahren. Die Besatzungen der übrigen mit uns vorgefahrenen 3 – 4 Lkws saßen gleichfalls ab und wurden wahrscheinlich auf andere Gebäude verteilt. Ich habe sie dort in der Folgezeit nicht mehr zu sehen bekommen. Auf dem Heuboden waren wir etwa zu 30 Mann. Die Unterbringung war sehr schlecht. Es gab zu wenig und schlechtes Stroh. Auch bestand keine Waschmöglichkeit. Wir bemerkten, daß wir uns im Hof einer Gastwirtschaft befanden, die wir jedoch nicht betreten durften. Durch Befragen stellten wir fest, daß wir uns in Pitschen befanden.«

Die ehemaligen Wirtsleute, der frühere Bürgermeister

und ein Mitglied des Stadtrates von Pitschen haben erklärt, es habe sich um etwa 130 SS-Leute gehandelt. Sie hätten mit den Einwohnern von Pitschen keinen Kontakt aufnehmen dürfen. Für die Bevölkerung sei das Lokal gesperrt gewesen. Die SS hätte keinen Alkohol trinken und nicht ausgehen dürfen. Die Tore und einige Fensterläden seien geschlossen geblieben. Hierzu der Lkw-Fahrer Wilhelm K.:

»Wir wurden in einer Scheune untergebracht und mußten uns äußerst leise verhalten. Die Scheune wurde verschlossen, so dass wir diese nicht verlassen konnten.«

Nicht alle Angehörigen des Kommandos Pitschen haben schließlich an dem Überfall teilgenommen. Jene, die nicht gebraucht wurden, erhielten keine Waffen und wurden bei Kriegsbeginn zurück nach Bernau gebracht. Hierzu hat Heinrich W. berichtet:

»Wir blieben etwa eine Woche auf dem Heuboden, ohne daß sich irgend etwas ereignete. Wir waren mit unserer Unterbringung sehr unzufrieden, zumal wir nur knapp verpflegt wurden. Schließlich hat man ein Wasserrohr über den Dachboden gezogen und dieses angebohrt, damit wir uns wenigstens waschen konnten.

Nach etwa einer Woche wurde bei uns in Pitschen bekannt, daß die Polen angegriffen hätten und nunmehr der Führer erklärt habe, es werde jetzt zurückgeschossen. Gegen Mittag des Tages, als wir dies erfuhren,

fuhren wiederum die Lkws vor, und wir wurden nach Bernau zurückgebracht. Diesmal war jedoch die rückwärtige Plane des Lkw nicht geschlossen. Bernau erreichten wir am nächsten Tage, wo unsere Gruppe sofort wieder ihre Zivilsachen in Empfang nehmen konnte. Ich kehrte umgehend zu meiner Dienststelle zurück.
Die Gruppe, zu der ich gehörte, hat zu keiner Zeit während unseres Aufenthalts in Pitschen den Dachboden, auf dem wir uns aufhielten, zu einem Ausmarsch verlassen. Wir sind die gesamte Zeit über dort geblieben. Ich würde mich bestimmt erinnern, wenn wir einen oder zwei Ausmärsche zur Nachtzeit unternommen hätten. Da ich immer sehr gerne spazierengegangen und an dem Geschehen in der freien Natur interessiert bin, würde mir ein Ausmarsch durch den Pitschener Forst bestimmt erinnerlich geblieben sein. Ich nehme an, daß unsere Gruppe beziehungsweise unser Zug nicht zu dem Scheinüberfall herangezogen worden ist. Auch dürften von unserer Gruppe einzelne Männer den Scheinüberfall nicht mitgemacht haben, da sonst auf der Rückfahrt nach Berlin bestimmt davon gesprochen worden wäre.
Ich weiß mit Bestimmtheit zu sagen, daß wir in unserer Gruppe und auch in unserem Zuge keine Waffen oder sonstiges militärisches Gerät mit uns führten. Wir erhielten in Pitschen keine Waffen oder polnische Uniformstücke.«

Auch der Polizeibeamte Georg H. ist in Pitschen nicht eingesetzt worden. Er hat erklärt:

»Unser Aufenthalt in Bernau dauerte etwa 14 Tage. Danach wurden wir mit Mannschaftswagen nach Pitschen (zwischen Rosenberg und Kreuzburg) gebracht. Unsere Aufgabe war uns nicht bekanntgegeben worden, auch später nicht. Nach einigen Tagen, ich weiß jedoch, daß es der 1. September war, kamen wir alle wieder nach Bernau zurück. Von dort aus wurden wir umgehend wieder zu unseren Heimdienststellen zurückgeschickt.«

Beide Aussagen machen deutlich, daß bei dem Überfall auf das Forsthaus Pitschen weniger SS-Leute mitgemacht haben, als ursprünglich geplant war. Etwa 130 waren vorgesehen, weil zunächst eine deutsche Ortschaft mit einem Scheinüberfall überzogen werden sollte. Bei der Aktion Pitschen kam man dann mit weniger SS-Männern aus. Wer nicht gebraucht wurde, blieb allerdings – vermutlich aus Gründen der Geheimhaltung – bei dem Kommando bis zum Ende der Aktion. Was geplant war, erfuhren nur jene SS-Leute, die schließlich auch eingesetzt wurden. Wilhelm K. hat ausgesagt:

»Am nächsten Morgen wurden wir unterrichtet, dass wir einen Überfall auf deutsches Gebiet vortäuschen sollten. Es wurde uns gesagt, dass wir in die Luft zu schießen hätten.«

Die Angehörigen des Kommandos Pitschen erhielten schließlich auch Weisungen für den Fall, daß sie durch deutsche Polizei festgenommen würden. Hierzu hat Mehlhorn berichtet:

»Bei dem Forsthaus Pitschen war die Grenze so durch die deutsche Wehrmacht gesichert, daß es überhaupt unmöglich erschienen wäre, einen Überfall von der polnischen Seite her vorzutäuschen. Das Kommando Dr. Rasch wurde daher darauf hingewiesen, daß im Falle einer etwaigen späteren Vernehmung von Angehörigen dieses Kommandos durch die deutsche Polizei ein anderer Grenzübergang angegeben werden mußte.«

So waren die Kommandos Hochlinden und Pitschen vom 24./25. August 1939 an einsatzbereit.

3. Örtliche Absicherung der Aktionen

Voraussetzung für einen erfolgreichen Abschluß der Aktionen an der Grenze war, daß es nicht zu Zusammenstößen mit der Wehrmacht, der Grenzpolizei, der Grenzwacht und der Zollaufsicht kam. Was die Wehrmacht betrifft, so sind hier die Vorkehrungen auf höchster Ebene getroffen worden. Dies beweist die Schilderung Mehlhorns:

> »Während ich mich in Oppeln aufhielt, erschien bei mir ein General der Wehrmacht, der erklärte, durch Befehl vom Führerhauptquartier zu mir entsandt zu sein, um die Abschnitte festzulegen, die während der Dauer der Aktion von Truppen frei gemacht werden mussten. Er war offensichtlich über die Planung unterrichtet, und wir versicherten uns einleitend mit Augurenlächeln, dass es einer Unterhaltung über die Zweckmässigkeit der Aktionen nicht bedürfe, da wir ohne Zweifel hierüber gleicher Ansicht seien.«

Es bereitete also keine grundsätzlichen Schwierigkeiten, jene Grenzgebiete für einige Stunden von Truppen freizuhalten. Auch organisatorische Probleme stellten sich nicht. Im Gebiet von Hochlinden gab es nur wenige Truppenbewegungen, weil die Wehrmacht das polnische Industriegebiet umgehen und einkesseln wollte.
Die Grenzpolizei unterstand Schaefer. Ihm hatte Hey-

drich bereits bei seinem ersten Informationsbesuch in Schlesien befohlen, die Grenzpolizei zu gegebener Zeit zurückzuziehen. Eine besondere Lage ergab sich dadurch, daß kurz vor dem Einrücken des Kommandos Hellwig die örtliche Grenzwachtkompanie einberufen worden und mit einem Zug in Hochlinden in Stellung gegangen war. Dieser Kompanie gehörten außer Männern des Bezirks auch Beamte der Grenzaufsichtsstelle an. Die Grenzwacht besetzte die Befestigungsanlagen und Panzersperren und sicherte die Grenze im Bezirk Groß-Rauden. Doch auch diese Schwierigkeiten wurden bald überwunden. Eugen E. war damals Führer der Grenzwachtkompanie und zugleich Kommissar des Zollbezirks Groß-Rauden im Hauptzollamtsbezirk Gleiwitz. Er berichtet:

»Ich erhielt den Befehl, meine Kompanie einzuberufen und in dem zugewiesenen Abschnitt einzusetzen. Ich glaube mich zu erinnern, daß am folgenden Tage ein höherer SS-Führer (mindestens ein Sturmbannführer) kam. Er legte mir einen schriftlichen Befehl vor – ich weiß nicht mehr, von wem er unterschrieben war –, der besagte, den in Hochlinden eingesetzten 2. Zug meiner Kompanie abzuziehen, da die von ihm befehligte SS-Abteilung zur Ausführung eines Sonderauftrages Hochlinden besetzen würde. Weiter wurde mir befohlen, alle von Hochlinden eingehenden Meldungen kommentarlos an meine vorgesetzte Dienststelle in Gleiwitz weiterzugeben.

Über die eigentlichen Aufgaben des SS-Einsatzkommandos ist mir nichts mitgeteilt worden. Daraufhin

vergewisserte ich mich weisungsgemäß bei meiner vorgesetzten Dienststelle (Bataillon), ob ich diesem Befehl Folge zu leisten hätte, was mir bestätigt wurde. Danach verabschiedete sich der SS-Führer und fuhr mit seiner Einheit in Richtung Hochlinden. Es könnte sich um etwa 15 bis 20 Fahrzeuge gehandelt haben. Die Einheit dürfte demnach etwa 2 Züge stark gewesen sein. Mir fiel besonders auf, daß sie eine Feldküche mitführte.
Ich glaube mich zu erinnern, daß es sich bei den Fahrzeugen um Mannschaftswagen handelte, die mit Planen abgedeckt waren. Über ihre Bewaffnung kann ich nichts sagen. Ich glaube, daß die Leute graue Uniformen trugen.«

Bei dem SS-Kommando handelte es sich um SS-Sturmbannführer Hellwig und seine Leute. Das Zollhaus Hochlinden rechtzeitig zu räumen, war nicht schwer. Es genügte ein Anruf beim Leiter des Zollamtes durch das Hauptzollamt Gleiwitz. Eine solche Anordnung ist später auch erteilt worden. Leiter des Zollamtes war ein Zollsekretär. Er gehörte wegen seines Alters nicht mehr zur Grenzwacht. Er und die Angehörigen der Zollbeamten haben sich nach Groß-Rauden begeben. Solche Maßnahmen und Anordnungen fielen in jenen Augusttagen an der Grenze nicht einmal auf. Kleinere Zwischenfälle und die Pressekampagne gegen Polen hatten in der Bevölkerung ohnehin Unruhe ausgelöst. Wenn ein Dienstgebäude für eine bestimmte Zeit geräumt werden sollte, folgten die Betroffenen einer entsprechenden Anweisung, ohne groß zu fragen.

Auch für den Überfall auf Pitschen bedurfte es besonderer Sicherungsmaßnahmen. Militärisch war das Problem durch die Besprechung zwischen Mehlhorn und dem Wehrmachtsgeneral erledigt. Mehlhorn hat sich dann selbst in Pitschen umgetan.

> »Ich habe mir die Lokalitäten im Falle Rasch angesehen, allerdings wohl erst, nachdem der ursprüngliche Plan Pitschen bereits durch Vorstellungen von Rasch abgewandelt war auf das winzige, nur wenige hundert Meter über der Grenze gelegene und völlig einsame Waldwärterhäuschen. Abgesehen von allgemeinen Bedenken, bestanden hier insbesondere infolge der von Rasch erreichten Beurlaubung des Försterehepaars keine Befürchtungen bezüglich von Zeugenschaften aus der Bevölkerung.«

Das »Waldwärterhäuschen«, wie Mehlhorn das Forsthaus nannte, lag so, daß außer den Bewohnern niemand den Überfall hätte sehen können. Da die Grenze nicht überschritten wurde, brauchte ein Zusammenstoß mit einer deutschen Grenzpatrouille nicht befürchtet zu werden. Die Grenzer gingen am Waldrand entlang und beobachteten über den Wiesengrund hinweg die polnische Grenze. Dennoch ist auch beim Kommando Rasch vermutlich für alle Fälle vorgesorgt worden. Ein Kommando der Grenzpolizei ist in die Grenzaufsichtsstelle Sandhäuser verlegt und in der Gastwirtschaft Major untergebracht worden. Die sechs nichtuniformierten Grenzpolizisten unterstanden einem Gestapobeamten aus Oppeln. Gemeinsam mit den Zollbeamten über-

wachten sie die Grenze und hatten folglich Einfluß auf die Einteilung der Streifen. Da deren Abschnitt an der Grenze sehr lang war, konnten sie leicht so eingeteilt werden, daß sie sich während des Überfalls nicht in der Nähe des Forsthauses aufhielten.
Zweifelhaft ist, ob Rasch für das Försterehepaar Urlaub erwirkt hat. Schon vor dem Überfall vom 31. August 1939 hat der inzwischen gestorbene Förster gegenüber einem Waldunger Lehrer, mit dem er befreundet war, gesagt:

> »Es ist etwas im Gange; wenn ich darüber spreche, kann es mich den Kopf kosten.«

Am Morgen nach dem Überfall antwortete denn auch der Förster auf die Frage seines Freundes, was losgewesen sei:

> »Frag mich nicht, frag mich nicht.«

Also hat der Förster vor dem Überfall erfahren, was geschehen werde. Er soll übrigens Mitglied der allgemeinen SS gewesen sein. Deshalb ist nicht auszuschließen, daß Rasch ihn ins Vertrauen gezogen hat. So erübrigte es sich, die Stadtverwaltung Pitschen als vorgesetzte Behörde des Försters um Urlaub zu bitten. Die Frau des Försters hat später auf einer Dienststelle, in der sie arbeitete, davon gesprochen, daß »SS-Leute in Zivillumpen verkleidet« das Forsthaus überfallen hätten. Ob sie das selbst gesehen oder von ihrem Mann erfahren hat, bleibt offen. Möglicherweise war die Frau auf Wunsch ihres Mannes

in den Nächten zum 26. August und zum 1. September 1939 in Pitschen. Dort waren viele Bürger später der Meinung, der Förster sei während des Überfalls evakuiert gewesen.
Die Vorkehrungen in Hochlinden und Pitschen zeigen in jedem Fall, wie sehr man bis hinunter zur örtlichen Ebene bemüht war, die Aktionen nach allen Seiten abzusichern.

4. Der Zwischenfall vom 24./25.8.1939 (Zerstörung des polnischen Zollhauses Chwallentzitz)

Ehe am Abend des 25. Augusts 1939 die Kommandos zum erstenmal alarmiert wurden, gab es in der Nacht vom 24. zum 25.8. im Grenzbereich Hochlinden-Chwallentzitz einen Zwischenfall. Im Morgengrauen beobachteten deutsche Zollposten eine etwa zwanzig Mann starke Gruppe. Sie war bewaffnet, kam aus Hochlinden und überschritt die Grenze zum polnischen Zollamt. Den Zollposten gegenüber bezeichneten sie sich als »Volksdeutsche aus Oberschlesien«.
In dem polnischen Zollamt taten zwei oder drei Beamte Dienst. Die deutschen Zollposten hörten Schüsse und Detonationen von Handgranaten. Sie sahen, wie die Polen in Richtung Chwallentzitz flohen. Die »Volksdeutschen aus Oberschlesien« verschwanden anschließend jenseits der Ruda im Wald. Mehlhorn erfuhr nach seiner Darstellung von dem Zwischenfall erst am 26. August 1939.

> »Am Vormittag brachte ein Kriminalkommissar einen jungen Deutschen, aus dessen Vernehmung sich ergab, daß das kleine polnische Zollhäuschen, das Hellwig auftragsmäßig überrumpeln und zur Alarmierung der Rybniker Garnison mit Hilfe des dortigen Telefons benutzen sollte, durch eine Gruppe junger Oberschlesier, die im Auftrage der Wehrmachtsabwehr tätig waren, bereits vor zwei Tagen mit Hilfe ei-

ner durch das Fenster geworfenen geballten Ladung samt Telefon zerstört war. Es ergab sich aber weiter, daß die gleichen Leute diesen Umstand Hellwig bereits am Vormittage seines Aktionstages mitgeteilt hatten.

Hieraus ergaben sich zwei Schlüsse: einmal, daß Hellwig bereits vor Beginn seiner Aktion von der Undurchführbarkeit eines sehr wesentlichen Teiles seiner Aufgabe Kenntnis hatte, ohne hiervon Meldung zu machen. Zum anderen war es im höchsten Maße verdächtig, daß Beauftragte der Wehrmachtsabwehr ausgerechnet ein wichtiges Teilobjekt der von der SS durchzuführenden Aktion kurz vor dieser Aktion zerstört hatten. Damit ergab sich ein Verdacht der Sabotage seitens der Abwehr, der sich übrigens wohl nicht bestätigt hat.«

Hellwig hat später erklärt, daß diese Aktion auf das polnische Zollhaus »alles durcheinanderbrachte«. Er hat davon am Morgen des 25. August erfahren und offensichtlich die Taktik für sein eigenes Kommando ändern müssen. Mehlhorn verständigte er nicht. Das gilt auch für Heydrich, obwohl Hellwig nach der Darstellung Mehlhorns »schon in der Vorbereitungszeit fortgesetzt mit Berlin verkehrte, ohne mich zu unterrichten«.

Sollte Heydrich schon vor dem Zwischenfall beschlossen haben, die Garnison Rybnik nicht zu alarmieren, so könnte er das Hellwig unmittelbar mitgeteilt haben. Dann hätte Hellwig es für überflüssig halten können, die Zerstörung des polnischen Zollhauses nach Berlin zu melden. Der Einsatzplan, den Hellwig schon vorher dem

SS-Sturmbannführer H. erläutert hatte, sah nämlich nicht mehr vor, polnische Stellen über das Telefon des Zollhauses Chwallentzitz zu alarmieren. Schließlich ist polnisches Hoheitsgebiet bei dem Scheinüberfall auf Hochlinden gar nicht mehr in die Aktion einbezogen worden.

Nachdem Mehlhorn am 26. August 1939 Berlin über den Zwischenfall unterrichtet hatte, verlangte Heydrich eine strenge Untersuchung. Er befürchtete nämlich Sabotage der Abwehr. Der verantwortliche Leiter der militärischen Abwehrstelle Breslau, Hauptmann i.G. Dingler, wurde nach Berlin befohlen. Vor dem Abflug ließ er sich von seinem Beauftragten in Gleiwitz über den Zwischenfall informieren. Dieser reiste an die Grenze und meldete anschließend, »daß diese Aktion nichts mit uns zu tun hatte«. Ob festgestellt werden konnte, wer die Verantwortung für den Überfall trug, ist nicht bekannt. Mehlhorn gelang es jedenfalls, noch weitere Beteiligte festzunehmen.

> »Ich bemühte mich inzwischen, der weiteren Teilnehmer an der Aktion habhaft zu werden. Diese wurden von einem Sonderflugzeug nach Berlin geholt. Der begleitende Kriminalkommissar überbrachte mir bei dieser Gelegenheit eine ausdrückliche Anerkennung für mein umsichtiges Verhalten seitens Heydrich.«

Es ist anzunehmen, daß bei dem Verhör in Berlin nicht nachgewiesen werden konnte, die Abwehr habe Sabotage getrieben. In keinem Fall stand die Aktion jedoch in irgendeiner Beziehung zu dem Scheinüberfall auf Hochlinden. Die Zerstörung des Zollhauses Chwallentzitz lag zufällig vor dem ersten Alarm des Kommandos Hellwig und hat schließlich dazu geführt, daß dessen Einsatz eingeschränkt worden ist.

5. Der zu frühe Vormarsch des Kommandos Hellwig bei Hochlinden in der Nacht vom 25./26.8.1939

Bereits achtzehn Stunden später rückte Hellwig mit seinem Kommando aus. Die Alarmstufe 1 hat ihn nach eigenen Angaben am Nachmittag des 25. August erreicht.

> »Ein Kradmelder erschien im Quartier mit einem versiegelten Brief. Darin war ein Befehl: ›Kleiner Auerhahn Schlosser. Großer Auerhahn wahrscheinlich ab zwei Uhr zu erwarten‹.«

SS-Sturmbannführer Karl H. hat an dem Einsatz in der Nacht zum 26.8.1939 bei Hochlinden teilgenommen. Er erinnert sich:

> »Am Abend des 25. August gegen 22 Uhr wurden wir im Schloß zu Dr. Trummler in den Speisesaal gerufen, wo Dr. Trummler uns mitteilte, daß soeben der Alarm durchgegeben worden sei. Trummler befahl den Abmarsch in einer halben Stunde. Es mußte alles sehr schnell gehen. Die »polnische« Gruppe, zu der ich gehörte, wurde auf 2 LKWs verladen, auf denen sich verpackt auch die polnischen Uniformen befanden. Wir fuhren auf der Landstraße von Ehrenforst in Richtung Hochlinden. Nach einigen Kilometern Fahrt wurden wir von einem Posten nach rechts in eine Waldschneise eingewiesen, wo sich schon Dr. Trummler befand, der das sofortige Umkleiden befahl. Als wir

mit den LKWs in die Schneise einbogen, sah ich vor uns, ich saß im Führerhaus des 1. LKWs, etwa 8 bis 10 schwarze Mercedes-Limousinen, die scharf rechts geparkt hintereinander in Fahrtrichtung Hochlinden am Straßenrand standen. Die letzte dieser Limousinen stand praktisch am Eingang der Schneise. Dabei konnte ich feststellen, daß die Gardinen an diesem Fahrzeug zugezogen waren. Ich sah einige Fahrer neben den Limousinen stehen, konnte aber sonst keine weiteren Einzelheiten ausmachen. Die lange Reihe der Limousinen fiel auch den Männern auf, die sich darüber etwa wie folgt unterhielten: ›Was sind denn hier für hohe Tiere dabei? Ist sogar der Führer hier, oder sollen wir gefilmt werden?‹

In der Waldschneise selbst sahen wir außer Dr. Trummler keine weiteren SS-Führer. Befehlsgemäß legten wir nun die polnischen Uniformen an, und unter dem Kommando von Hellwig setzten wir uns in Marsch. Wir marschierten im Talgrund möglichst geräuschlos an der Ruda entlang in Richtung Hochlinden. Bei dem Umkleiden führte Hellwig einen Uhrenvergleich durch, wobei er uns erklärte, daß der Scheinangriff auf das Zollhaus vor Sonnenaufgang – meiner Erinnerung nach um 04.00 Uhr früh – erfolgen sollte. Er machte noch darauf aufmerksam, daß erst dann geschossen werden dürfe, wenn er den Befehl dazu gebe. Da uns bis zu dem angegebenen ›Angriffstermin‹ noch etwas Zeit verblieb, lagerten wir uns in einer Gebüschgruppe, d.h. zwischen sog. Kuscheln, etwa 500 m vom Zollhaus entfernt. Es war eine stockdunkle Nacht.«

Hellwig hat, wie er berichtete, die Uniform eines polnischen Kapitäns getragen.
Zur gleichen Zeit sind auch jene SS-Leute in Stellung gegangen, die in Uniformen der deutschen Grenzpolizei den Angriff der »polnischen Kompanie« abwehren sollten. Dieses Kommando unterstand Trummler. Georg K. war damals Zugführer. Er hat erklärt, nunmehr hätten auch alle SS-Männer, die bei dem Scheinüberfall eingesetzt werden sollten, erfahren, was geplant war.

> »Von Ehrenforst aus wurden wir mit Lastkraftwagen nach Hochlinden gebracht. In Hochlinden mußten wir ausschwärmen, und zwar noch auf deutschem Boden, nachdem man uns mitgeteilt hatte, daß wir auf Befehl zu schießen hätten. Man hatte uns auch mitgeteilt, daß unser Unternehmen eine Provokation sein sollte. Ich erinnere mich auch noch, daß ein anderes Kommando einen Auftrag bezüglich eines Zollhauses an der Straße, die von Hochlinden nach Polen führte, hatte.«

Während die »deutsche« und die »polnische« Kompanie auf den Einsatzbefehl warteten, wußte niemand, daß Hitler inzwischen seinen erst wenige Stunden zuvor erteilten Angriffsbefehl widerrufen hatte. Der Wehrmacht gelang es, die schon angelaufene Kriegsmaschine noch einmal anzuhalten. Sie mußte dafür alle erdenklichen Nachrichtenmittel einsetzen. Doch noch ehe Heydrich veranlaßt hatte, die Kommandos Hochlinden und Pitschen zurückzurufen, ging in Berlin eine Meldung Hellwigs ein, er beginne nunmehr mit seiner Aktion. Heydrich schritt sofort ein. Hierzu Mehlhorn:

»Am 25.8. begab ich mich auf Grund eines Befehls zur Stapostelle Gleiwitz, wohin die Berliner Befehle für die Auslösung der Aktionen durchgegeben werden sollten. Plötzlich schrieb Heydrich am Fernschreiber persönlich und mit den Worten einleitend: ›Ihr seid wohl verrückt geworden‹. Ich entnahm schon den ersten Zeilen, daß Hellwig gestartet sei, dies jedoch nicht dem Berliner Befehl entsprach. Ich vermute weiter, daß Hellwig, der unmittelbar mit Berlin verkehrte, nach Erhalt des Stichwortes ›Großer Auerhahn‹ unmittelbar nach Berlin gemeldet hat, daß er mit seiner Aktion beginne. Ich neige zu der Meinung, daß Hellwig ›Großer Auerhahn‹ für den Startbefehl gehalten hat. Noch während der Fernschreiber weiterlief, erreichte ich durch Zufall einen Kradmelder, der Hellwig mit einem Stoppbefehl nachgesandt wurde.«

Tatsächlich dürfte Hellwig sich geirrt und das Stichwort »Großer Auerhahn« für die entscheidende Parole gehalten haben. Doch den Angriff signalisierte das Kennwort »Agathe«.

Da Hellwig die Uhren hat vergleichen lassen und den Zeitpunkt des Angriffs festlegte, ging er offenkundig davon aus, bei »Großer Auerhahn« sollte die Aktion beginnen. Er war mit seiner Kompanie bereits 200 Meter weit in polnisches Gebiet eingedrungen, als ihn der Kradmelder erreichte – »in deutscher Uniform – völlig ungetarnt«. Dieser forderte ihn auf, die Aktion sofort zu stoppen. Daraufhin hat die Kompanie sich möglichst geräuschlos auf die deutschen Linien zurückgezogen. Was dann geschah, hat Mehlhorn überrascht:

»Wie vom Donner gerührt waren wir, als uns der Melder eine auf einem Blatt des Meldeblocks der SS geschriebene Meldung Hellwigs zurückbrachte, in der dieser erklärte, er habe sich befehlsmäßig zurückgezogen, jedoch in einem bestimmten Gebiet Stellung bezogen und, da sich auf polnischer Seite Lastwagen näherten, soeben Feuerbefehl gegeben. Hieraus ging einmal hervor, daß Hellwig, der in polnischer Uniform auf polnischem Gebiet einen polnischen Kompanieführer spielen sollte, bei dieser Gelegenheit einen Meldeblock der Waffen-SS mit sich führte, der im Falle seiner Gefangennahme durch die Polen ihn sofort verraten hätte. Zum anderen ergab sich die Tatsache, daß Hellwig seine Leute hatte in Stellung gehen lassen und ihnen Feuerbefehl gab, daß Hellwig genau das Gegenteil von dem tat, was er tun sollte. Wenn tatsächlich polnische Truppen die Grenze überschritten hätten, wäre ihm nur noch die Aufgabe verblieben, mit seinen Leuten so schnell und unauffällig wie möglich zu verschwinden. Leute in polnischer Uniform gegen echte Polen schießen zu lassen, war das Unsinnigste, was überhaupt denkbar war.
Das Verhalten Hellwigs erforderte sofortige Gegenmaßnahmen und ich entschloß mich deshalb, den Befehl in eigener Verantwortung zu übernehmen. Ich überschrieb daher den weiteren nunmehr an Hellwig gesandten Befehl mit den Worten ›Befehl von SS-Oberführer Dr. Mehlhorn‹ und wies Hellwig an, sofort die bezogenen Stellungen zu räumen, selbst ein etwaiges Gefecht abzubrechen und sich sofort in die Ausgangsquartiere zurückzubegeben.«

Im Bereitstellungsraum traf Hellwig wieder Trummler, der mit seinem Kommando ebenfalls zurückgerufen worden war. Trummler machte Hellwig mit ziemlich drastischen Worten auf dessen Fehler aufmerksam. Bei dieser Gelegenheit hat Hellwig, wie er berichtet, in der Nähe den SS-Oberführer Heinrich Müller gesehen und gefragt: »Was ist hier eigentlich los?« Darauf Müller: »Die Geschichte ist erledigt – die Sache ist überholt.« Danach wurden die Kommandos schnell nach Ehrenforst zurückgebracht. SS-Sturmbannführer H.:

> »Wir mußten eiligst zurück. Dies mußte so schnell geschehen, daß wir uns noch auf den Fahrzeugen umkleiden mußten. Als wir aus der Waldschneise wieder herausfuhren, waren die Limousinen, die dort gestanden hatten, nicht mehr zu sehen.
> Nach unserer Rückkehr nach Ehrenforst wurden die Männer wieder in ihre Quartiere geschickt, während der Führungsstab sich im Speisesaal des Schlosses zusammensetzte. Es herrschte eine gedrückte Stimmung, weil wir uns nicht erklären konnten, wieso etwas schiefgelaufen war. Bei dieser Gelegenheit kam dann das Gespräch auf die schwarzen Limousinen. Allmählich sickerte es durch, daß sich in den Limousinen wahrscheinlich ›Konserven‹ befänden. Wer dies im einzelnen bemerkte, kann ich heute nicht mehr sagen. Ich fragte, was denn diese ›Konserven‹ seien, worauf man mir erklärte, daß es sich um präparierte KZ-ler handeln würde, die am Überfallort niedergelegt werden sollten. Wer mir diese Erklärung gab, weiß ich heute auch nicht mehr. Auf meinen Einwand hin, daß

es doch ein großes Risiko sei, derart präparierte Personen niederzulegen, da diese gegebenenfalls doch auch einmal schreien könnten, wurde mir gesagt, daß die KZ-ler tot seien. Ich habe dann nicht mehr weiter nachgefragt. Nach der Art der Limousinen mußte es sich um Fahrzeuge der Geheimen Staatspolizei aus Berlin handeln. Fahrzeugschilder habe ich allerdings in der Dunkelheit nicht ausmachen können. Ich nehme an, daß in jeder Limousine höchstens 1 bis 2 ›Konserven‹ transportiert worden sind, da ja auch entsprechendes Begleitpersonal im Fahrzeug sein mußte. Hellwig hat am Abend vor dem Ausmarsch nicht von dem Niederlegen der sog. ›Konserven‹ an dem Überfallort gesprochen. Dies kam erst später in Hochlinden zur Sprache.«

Diese Schilderungen beweisen: die Kommandoführer wußten vor dem Einsatz, daß »Konserven« gebracht werden sollten. Dies gilt freilich nur für die Führer, während den SS-Männern nicht einmal Hinweise gegeben worden sind. Das zeigen deren erstaunte Bemerkungen, als sie die schwarzen Limousinen sahen. Nach der Art der Scheinüberfälle brauchten von den »Konserven« auch nur die Führer etwas zu wissen. Hätte bei dem geplanten kurzen Scheingefecht ein SS-Mann eine »Konserve« gesehen und Fragen gestellt, wäre es dem Einsatzführer möglich gewesen, ihn mit einer täuschenden Bemerkung abzutun. Aber auch ein barscher Befehl hätte genügt. Auf bohrende Fragen brauchte man sich bei den an Befehle gewöhnten SS-Leuten nicht vorzubereiten, zumal es sich um eine »Geheime Reichssache« handelte.

Das »Konservenkommando« ist offenkundig rechtzeitig zurückbeordert worden. Es hat also ein besonderer Befehlsweg bestanden.
Beim Kommando Rasch gab es am Abend des 25. August 1939 demgegenüber keine Schwierigkeiten. Hierzu Mehlhorn:

> »Dr. Rasch hat die Stichwortdurchgabe am 25.8.1939 richtig verstanden.«

Die Stichworte »Kleiner Auerhahn« und »Großer Auerhahn« dürften das Kommando Pitschen etwa zur gleichen Zeit wie Hochlinden erreicht haben. Beim zweiten Stichwort wurden die Wagen beladen, das Kommando fuhr in den Bereitstellungsraum. Schon eine Stunde nach dem Aufbruch wurde in der Gastwirtschaft angerufen und mitgeteilt, es bleibe alles beim alten, man komme zurück.

6. Die Ablösung von Hellwig und Mehlhorn

Über Hellwigs Verhalten in Hochlinden in der Nacht zum 26. August 1939 berichtete Mehlhorn nach Berlin:

> »Ich selbst nahm den Vorfall zum Anlass, sofort in einem ausführlichen Fernschreiben den Sachverhalt nach Berlin zu melden, die sofortige Abberufung Hellwigs zu fordern und bat bei dieser Gelegenheit ausdrücklich, mich von meiner Aufgabe zu entbinden.«

Nachdem Mehlhorn am Morgen des 26. August erfahren hatte, daß das polnische Zollhaus Chwallentzitz zerstört und er von Hellwig darüber nicht unterrichtet worden war, berichtete er erneut:

> »Ich meldete beide Tatbestände gleichfalls sofort nach Berlin.«

Als Heydrich die Meldungen bekam, berief er sofort eine Sitzung nach Berlin ein. Dazu Mehlhorn:

> »Noch am gleichen Tage oder im Laufe des nächsten Tages wurde ich selbst nach Berlin befohlen und flog mit Rasch und wohl auch Schaefer nach Berlin. Dort war Hellwig schon vor mir eingetroffen.
> In einer sofort beginnenden Sitzung, an der die ver-

schiedenen Teilnehmer sowie Jost und Heydrichs Adjutant teilnahmen, wurde zunächst seitens Heydrich heftige Kritik an Hellwig ausgesprochen und dieser abgelöst. Der folgende Teil der Sitzung bestand in langsam sich steigernden Angriffen des mit bitterem Haß erfüllten Heydrich gegen mich. Offenbar hatte Hellwig Heydrich hinterbracht, daß ich mich im Zusammenhang mit meiner Kritik an der Aktion abfällig über Heydrichs Geltungsbedürfnis und Leichtsinn geäußert hatte. Heydrich machte mir heftige Vorwürfe, behauptete insbesondere, ich sei kein soldatischer Mensch, hätte mir niemals erlauben dürfen, die Befehlsgewalt an mich zu reißen, und ging auf meine Versuche, den Sachverhalt wahrheitsgemäß aufzuklären, überhaupt nicht ein.«

Es kam zu einer scharfen persönlichen Auseinandersetzung, die damit endete, daß Mehlhorn abgelöst wurde. Mehlhorn:

»Heydrich sprach anschließend voller Wut weiter, erklärte, daß er mich, wie ich das ja schon lange gefordert habe, von meiner Aufgabe entbinde und daß nunmehr auch mein weiterer Wunsch zur Freigabe für die innere Verwaltung genehmigt sei, ich würde voraussichtlich einen Einsatz als Regierungsvizepräsident erhalten. Auch diese Erklärungen erfolgten in herabsetzender Form, insbesondere mußte die reichlich gehässig vorgebrachte Verwendung im zivilen Sektor ausgerechnet bei Beginn des Krieges herabsetzend wirken.«

Es ist anzunehmen, daß Heydrich froh war, wegen der Ereignisse in Hochlinden eine Gelegenheit zu haben, den unbequemen Mitarbeiter Mehlhorn loszuwerden. Dafür spricht, was Heydrichs früherer Adjutant Neumann ausgesagt hat:

> »Die Bezeichnung ›Bedenkenrat‹ ist mir ein Begriff und war darauf zurückzuführen, daß Dr. Mehlhorn gegen alles Bedenken erhob, bzw. juristisch fundierte Einwände erhob und deshalb bei Heydrich nicht gut angesehen war.«

Einige Tage nach der Sitzung in Berlin wurde Mehlhorn zur Wehrmacht einberufen und später als Chef der inneren Verwaltung beim Militärbefehlshaber in Posen eingesetzt. Etwa zur gleichen Zeit wurde er zum Vizepräsidenten bei der Bezirksregierung in Minden ernannt.

7. Neue Planung für den Einsatz Hochlinden

Mit der Abberufung Mehlhorns und Hellwigs waren nicht nur personelle Veränderungen verbunden. Auch der Plan für den Scheinüberfall in Hochlinden wurde umgestellt.

Nach der Schilderung des Zugführers Georg K. ist Hellwig nach seiner Abberufung noch einmal kurz nach Ehrenforst zurückgekehrt.

> »Wir mußten alle im Schloßhof antreten. Vor der Front erschien Oberregierungsrat Hellwig mit Dr. Trummler und teilte uns mit, daß der Einsatz mit so einer großen Anzahl von Personen, wie es geplant gewesen sei, nicht durchgeführt werden könne, weil dies Hitler zu gefährlich sei. Es würde nur ein Drittel der angetretenen Personen benötigt. Über diese Leute würde Dr. Trummler die Kommandogewalt ausüben; er werde sich auch die Leute heraussuchen, die er gebrauche. Dr. Trummler hat sich daraufhin aus dem Kreis der im Schloßhof Versammelten etwa 40 bis 60 Personen herausgesucht. Ich war bei diesen Personen. Die übrigen, die Dr. Trummler nicht benötigte, sind wieder weggefahren worden.«

Es wurden aber nicht nur weniger SS-Leute mitgenommen. Nun sollte es auch vermieden werden, mit polnischen Einheiten zusammenzustoßen und polnisches

Gebiet zu betreten. Hellwigs Verhalten hatte gezeigt, welche erheblichen Gefahren das ganze Unternehmen in sich barg.
Auch die Kommandogewalten wurden kurz darauf wieder so verteilt, wie das ursprünglich der Fall gewesen war. Die Aufgaben Hellwigs übernahm SS-Sturmbannführer H., der sich in dem Kommando schon auskannte. H. berichtete:

»Ich wurde zum Flugplatz nach Gleiwitz oder auch einem anderen Flugplatz im dortigen Raum befohlen, wo ich den SS-Brigadeführer Müller treffen sollte. Als ich zu dem Flugplatz kam, war dort gerade ein einmotoriges Flugzeug gelandet, dessen Propeller noch lief. Müller stand neben der Maschine. Weitere Begleitpersonen sah ich nicht.
Müller fragte mich, ob ich an Stelle von Hellwig dessen Kommando beim Einsatz Hochlinden übernehmen wolle, worauf ich erwiderte: ›Wenn es befohlen wird, mache ich es.‹ Hierauf holte Müller eine Karte hervor. Wir legten uns zusammen auf den Rasen des Flugfeldes, wo mir Müller dann nochmals den Einsatzplan in der von mir bereits oben beschriebenen Form erläuterte. Ich bemerkte, daß ich die Örtlichkeit aus dem vorangegangenen verpatzten Einsatz noch kennen würde. Müller sagte hierauf abschließend: ›Dann ist ja alles in Ordnung.‹ Mit diesen Worten verabschiedete er sich, stieg wieder in seine Maschine und flog davon.
Bei diesem Gespräch mit Müller ist von den ›Konserven‹ keine Rede gewesen.

> Nach meiner Rückkehr habe ich Trummler über die Unterredung mit Müller unterrichtet. Er wünschte mir viel Glück und sagte: ›Hoffentlich klappt es diesmal besser.‹«

Nach diesem Bericht darf man davon ausgehen, daß nunmehr die zentrale Befehlsgewalt für alle Scheinüberfälle bei Müller lag.
In den folgenden Tagen herrschte nach der Aussage von H. in Ehrenforst »ein weitgehend ruhiger Dienstbetrieb«. Auch beim Kommando Pitschen beschränkte man sich auf eine Inspektionsstunde am Tag. So warteten die Kommandos auf den nächsten Einsatz. Er kam bald – am Abend des 31. Augusts 1939.

IV. »Großmutter gestorben« – »Agathe«

Die Scheinüberfälle

1. Sender Gleiwitz

Den Auftakt der Scheinüberfälle sollte die Aktion gegen den Sender Gleiwitz bilden. Naujocks berichtet:

»Stunde und Minute des Überfalls sind etwa drei Tage vor dem Überfall festgelegt worden. Lediglich der Tag des Überfalls ist durch ein Stichwort am betreffenden Tage bestimmt worden.
Fest stand für uns in Gleiwitz nur die Uhrzeit: abends 20 Uhr. Erstens war es da um 20 Uhr dunkel, zweitens ist es die Zeit, in der die Leute alle zu Hause sind und auch Rundfunk hören. Auf der anderen Seite ist es wiederum noch nicht so spät, daß wir als Einzelgänger nachts irgendwie auffallen.
Am Nachmittag (31. August) glaube ich, gegen vier Uhr kam ein Direktanruf von Heydrich. Er hat nur gesagt: ›Bitte um Rückruf‹. Dann habe ich angerufen in der Adjutantur und bin mit Heydrich verbunden worden und Heydrich sagte: ›Großmutter gestorben‹. Das war klar.«

Dem Einsatz ging eine Besprechung voraus. Hierzu der Fahrer von Naujocks, Fedor J.:

»Etwa $^1/_2$ bis 1 Stunde vor dem Überfall auf den Sender Gleiwitz sind wir von Naujocks im Hotel zusammengerufen worden. Naujocks eröffnete uns, daß wir einen polnischen Überfall auf den Sender Gleiwitz vorzutäuschen hätten. Bei diesem Überfall sollte ein Volksdeutscher aus Polen, der erst kurz vorher in Gleiwitz zu uns gekommen war, eine polnische Ansprache halten.

Es hat nur eine einzige derartige Einsatzbesprechung stattgefunden. Wir sind nicht vorher schon einmal über den Zweck unseres Auftrages durch Naujocks informiert worden.

Wir haben die alten, auf Anordnung von Naujocks mitgenommenen Zivilsachen dann angezogen. Damit bei einer evtl. Festnahme auch nicht festgestellt werden sollte, daß wir Deutsche waren, führten wir bei der Aktion keine Ausweispapiere bei uns. Auch hatte man uns vor Beginn der Aktion gesagt, daß wir bei der Polizei keine Aussage machen sollten.«

Naujocks hat seine Gruppe auch vor dem Überfall davon in Kenntnis gesetzt, daß beim Sender durch ein anderes Kommando ein Mann niedergelegt werden sollte, um den Tod eines Insurgenten vorzutäuschen. Dies ergeben die Bekundungen von Fedor J.:

»Ich habe gewußt, daß beim Sender ein Toter oder ein bewußtloser Mann niedergelegt werden sollte. Dies ist bei der Besprechung im Haus Oberschlesien gesagt worden. Es mußte m.E. bei der Besprechung gesagt werden, weil es erforderlich gewesen sein dürfte, daß einer von uns die Angehörigen des anderen Kommandos einwies.

Ich erinnere mich auch noch, daß vor dem Überfall auf

RUNDFUNKSENDER GLEIWITZ Erdgeschoß

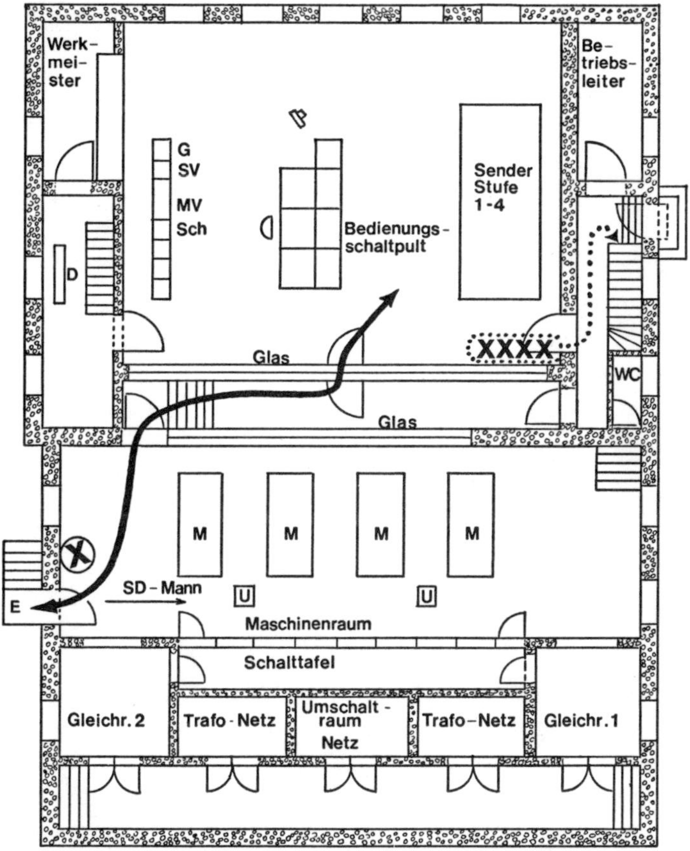

D = Drehbank
M = Maschinensätze
U = Umschalter
E = Eingang Maschinenraum
G = Gleichwellensteuergerät

SV = Sender Vorstufen
KV = Modulationsverstärker
Sch = Schaltfeld für Leitungen
+ Leitungsverstärker
+ Aussteuerungsmesser

⟷ Hin- und Rückweg der Gruppe Naujocks

Ⓧ Lage des Franz Honiok

••••••••► Weg der 4 Gefesselten in den Keller

Diese Skizze erhebt keinen Anspruch auf Maßgenauigkeit

den Sender gesagt worden ist, es handele sich bei der Person, die im Sender niedergelegt werden solle, um einen Häftling oder um eine zum Tode verurteilte Person.
Ich wußte nicht, ob der Betreffende als Leiche niedergelegt oder durch eine Einspritzung eingeschläfert werden sollte.«

Während das Kommando Naujocks sich zu seinem Einsatz anschickte, wurden im Polizeigefängnis in Gleiwitz die Vorbereitungen getroffen, um Franz Honiok zum Sender zu schaffen.
Die letzte maßgebliche Anordnung hierfür dürfte Müller getroffen haben. Naujocks bemerkt dazu:

»Müller wartete für seine Aktion genauso auf das Auslösungsstichwort wie ich.«

Der Kriminalsekretär Karl N., der Franz Honiok am Vormittag des 31.8.1939 in das Polizeigefängnis hatte bringen müssen und sich dort am Abend wieder einfinden sollte, berichtet weiter:

»Am Abend habe ich mit dem Fahrer und unserem Dienstwagen vor dem Polizeigefängnis in Gleiwitz gewartet. Als wir dort ankamen, stand vor dem Polizeigefängnis bereits eine schwarze Limousine, in der außer dem Fahrer die beiden Zivilisten saßen, die ich am Morgen bei dem Sturmführer gesehen hatte. Die beiden Zivilisten saßen im hinteren Teil des Autos.
Während wir im Hof des Polizeipräsidiums vor dem Polizeigefängnis warteten, kam der Sturmführer aus

der Dienststelle heraus. Er trug einen weißen Kittel und sah aus wie ein Arzt. Der Sturmführer ging über den Innenhof des Präsidiums in das Polizeigefängnis. Nach einer Weile kam der Sturmführer – immer noch mit dem weißen Kittel bekleidet – wieder aus dem Gefängnis heraus. Hinter ihm kam der Inspektor, der den Mann untergehakt am Arme führte. Ich hatte den Eindruck, daß der Mann etwas benommen war. Ich mußte meinen vorderen Platz neben unserem Fahrer räumen und mich nach hinten setzen. Der Inspektor setzte den Mann auf den vorderen Wagenplatz. Als der Mann saß, fiel ihm der Kopf nach vorne. Er rührte sich nicht.

Nun erhielt unser Fahrer den Befehl, sich hinter die schwarze Limousine zu setzen und dieser mit seinem Fahrzeug zu folgen.

Der Inspektor setzte sich in die Limousine neben den Fahrer, während der Sturmführer zur Dienststelle zurückging und sich nicht an der Fahrt beteiligte.

Unser Fahrer folgte mit seinem Wagen befehlsgemäß der schwarzen Limousine. Während der Fahrt sank der Mann immer mehr in sich zusammen. Ich nehme an, daß der Sturmführer dem Manne eine Spritze verpaßt hat, denn anders kann ich mir das Verhalten des Mannes nicht erklären.«

Diese Vermutung des Karl N. trifft nach den dargelegten Umständen zu. Um dem Opfer eine ärztliche Handlung vorzutäuschen, zog sich der Sturmführer einen weißen Kittel an, den er sich zwischenzeitlich beschafft hatte. Hierzu die Aussage des Polizeibeamten Johann G., damals Leiter der Polizei-Sanitätsstelle in Gleiwitz:

RUNDFUNKSENDER GLEIWITZ Kellergeschoß

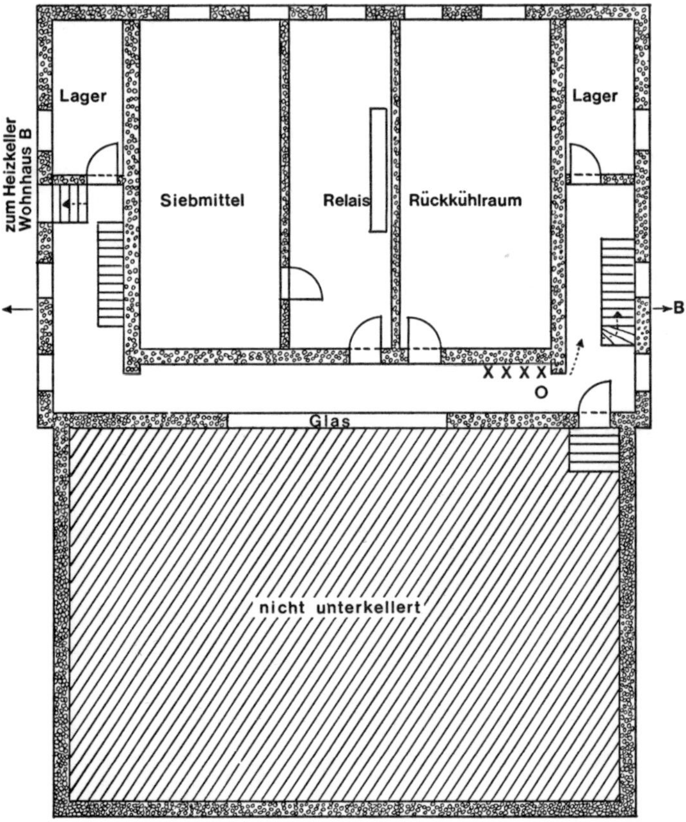

xxxx = Stand der 4 Gefesselten im Keller
O = Bewacher

Diese Skizze erhebt keinen Anspruch auf Maßgenauigkeit

»Einen oder zwei Tage vor Kriegsbeginn erschien auf der Sanitätsstelle ein SS-Mann. Es war in den Nachmittagsstunden. Die SS-Dienstgrade waren mir nicht geläufig, so daß ich seinen genauen Dienstgrad nicht angeben kann. Dieser Mann, der mir völlig unbekannt war und den ich auch zu einem späteren Zeitpunkt nicht mehr gesehen habe, verlangte von mir einen weißen Kittel. Vorgestellt hat er sich nicht, und er äußerte sich auch nicht darüber, wozu er ihn benötigte.
Ich hatte keine Bedenken, ihm einen Kittel zu geben. Beim Hinausgehen sah ich, daß ein zweiter SS-Mann draußen im Flur wartete. Diesem übergab der SS-Offizier – ich glaube, daß es sich um einen handelte – den Kittel.
Er trat sehr energisch und sicher auf. Ansonsten war nichts Auffallendes an ihm.
Der SS-Mann verlangte nur den Kittel, nicht aber Medikamente. Der Kittel wurde mir nicht zurückgegeben.«

Die Spritze, mit der Franz Honiok vor dem Transport betäubt wurde, war somit bereits nach Gleiwitz mitgebracht oder dort anderweitig beschafft worden.
Karl N. berichtet weiter:

»Die Fahrt führte in Richtung Hindenburg. Plötzlich bog die schwarze Limousine nach links ab, und wir hielten an. Dabei sah ich, daß wir am Gleiwitzer Sender waren. Meiner Erinnerung nach sind wir auf einen Feldweg neben dem Sendergelände eingebogen. Wir standen etwa 10 bis 15 Meter von der Straße entfernt.

Wann wir am Gleiwitzer Sender angekommen sind, kann ich heute nicht mehr genau sagen. Es war bereits dunkel, und die Lampen brannten.
Während ich aus dem Fenster des Autos blickte, sah ich zu meiner Rechten das Sendergebäude.«

Hier hatte inzwischen der Überfall begonnen. Fedor J.:

»Wir haben uns mit 2 Fahrzeugen zum Sender Gleiwitz begeben. Wir waren insgesamt etwa 6 oder 7 Personen.
Als wir beim Sender Gleiwitz eingetroffen waren, haben wir unsere Fahrzeuge auf der Straße abgestellt und sind alle zum Hauptgebäude des Senders gegangen.«

Naujocks ließ entsprechend der mit Müller getroffenen Abrede zwei Mann am Eingang zurück, die die »Konserve« in Empfang nehmen sollten. Die übrige Gruppe drang durch einen Seiteneingang in das Sendergebäude ein. Naujocks berichtet:

»Punkt 20 Uhr waren wir im Sender. Die beiden Leute, die ich draußen postiert hatte, kannten das Stichwort für die Übergabe. Es ging ganz programmgemäß. Der Pförtner war nicht auf seinem Platz. Wir sind in das Sendergebäude hineingegangen. Wir hatten MPs und Pistolen dabei. Und die Leute leisteten begreiflicherweise keinen Widerstand. Wir haben im Senderaum mit Pistolen geschossen. Wir haben ein paar Warnschüsse in die Decke abgegeben, um ein bißchen Krawall zu machen und die Leute einzuschüchtern.

Wir trieben das Personal unter Waffenbedrohung in den Keller. Einer unserer Leute bewachte sie dort.«

Aus der Sicht des Senderpersonals stellte sich das Geschehen nach der Schilderung des Postoberamtmanns Erich N. so dar:

»Gegen 19 Uhr kam der Wachhabende der Polizei in den Betriebsraum des Senders, um sich, wie er sagte, über die örtlichen Verhältnisse zu unterrichten. Im Senderaum befand sich der Telegraphenwerkführer N. In Erwartung der Abendnachrichten fanden sich auch der diensthabende Maschinist K., und der Hausmeister F. im Senderaum am Lautsprecher ein.
Kurz vor 20 Uhr sahen die Genannten, daß zu der Tür des Maschinenraumes, die durch 3 Glaswände zwischen Sender- und dem tiefer gelegenen Maschinenraum zu beobachten war, fünf Männer in Zivilkleidung hereinkamen und über die Treppe zwischen den Glaswänden zum Senderaum heraufstiegen. F. ging ihnen entgegen, öffnete die Glastür des Senderaumes und fragte: »Was wünschen die Herren?« Da zogen die inzwischen eingetretenen Männer Pistolen und riefen: »Hände hoch!« Der erste, der die Hände aufwärts streckte, war der Polizeiwachhabende. Dann erst folgte das völlig verdutzte Senderpersonal. Alle vier wurden mit einer dünnen, aber festen Kordelschnur mit den Händen auf dem Rücken und einer Schlinge um den Hals gefesselt. Während dem Senderpersonal die Schlinge um den nackten Hals gelegt wurde, hatte man diese dem Polizeibeamten über den Uniformkra-

gen gelegt. Dann mußten sich sämtliche Gefesselten im Kellergang unterhalb des Senders mit dem Gesicht zur Wand aufstellen, einer der Männer übernahm mit gezückter Pistole die Bewachung.«

Im Senderaum bemühte sich alsdann der rundfunktechnische Spezialist der Gruppe, Dr. Sch., intensiv, die Mikrophonanlage in Gang zu setzen. Da dies nicht gelang, wurden die beim Sender Beschäftigten einzeln aus dem Kellergang in den Senderaum heraufgeholt. Sie sollten Auskunft über die Bedienung der Anlage geben.
Hierzu Postoberamtmann N.:

»Mit der Zeit erlahmten die gefesselten Hände, und die Kordelschnur schnitt in Hals und Handgelenke ein. N. als erster in den Senderaum zurückgeführt und unter Bedrohung mit Pistole und Schlägen gegen Rükken und Gesäß ausgefragt, wie man den Sender besprechen kann, erklärte, daß die Besprechung nur über Leitungen vom Fernsprechamt erfolge. Auch K. und F. wurden in gleicher Weise bedrängt. Der eine erklärte, er sei hier Maschinist, der andere, er sei Hausmeister, sie wüßten mit den technischen Einrichtungen im Senderaum nicht Bescheid.«

Die Angabe des Telegrafenwerkführers N. traf zu. Der damalige Sender Gleiwitz übertrug kein eigenes Programm. Alle Sendungen, auch die des Gleiwitzer Studios, wurden vom Rundfunkverstärkeramt Breslau übernommen. Es ist erstaunlich, daß bei den sonst so eingehenden Vorbereitungen der Aktion offensichtlich

wesentliche funktechnische Fragen vorher nicht geklärt worden sind.
Nunmehr setzte die Suche nach dem Gewittermikrophon ein. Mit dessen Hilfe teilte man den Hörern bei Gewitter mit, daß die laufende Sendung unterbrochen werden müsse, worauf dann die Antenne geerdet wurde.
Hierzu Naujocks:

> »Dann haben wir uns heiß nach dem Mikrophon gesucht, damit wir die Sendung durchbekamen. Wir haben nur das Gewittermikrophon nehmen können, das jeder Sender damals hatte.«

Dieses Mikrophon wurde schließlich im Geräteschränkchen gefunden, als N. gerade erneut in den Senderaum geholt worden war. Nunmehr gelang es Dr. Sch., das Mikrophon anzuschließen. N. wurde wieder zurückgebracht. Zu dem technischen Ablauf vermerkt Postoberamtmann N. in seinem Bericht:

> »Hernach müssen sich die Männer mit der Einschaltung des Mikrophons am Senderendverstärkergestell anhand der Bezeichnungen zurechtgefunden haben und schalteten die Modulationsleitung mit dem aus Breslau kommenden Programm vom Senderverstärker ab. Durch die Unterbrechung der laufenden Sendung, die beim Verstärkeramt in der Niederwallstraße beobachtet wurde, rief der dortige Beamte über die Dienstleitung an. Einer der Männer nahm den Hörer ab, rief »Störung« und legte ihn wieder auf.«

Zu dem weiteren Ablauf berichtete Naujocks:

»Nachdem die laufende Sendung unterbrochen war, hat dann der der polnischen Sprache mächtige Mann die vorbereitete Rede durch das Mikrophon gesprochen.«

Fedor J. bemerkte ergänzend:

»Danach wurde dann auf Befehl von Naujocks in die Luft geschossen und auch Lärm gemacht.«

Der Wortlaut der Ansprache, in der von einer Besetzung des Senders durch polnische Freiheitskämpfer die Rede war, ist nicht bekannt. Beginn und Ende der Ausführungen sind in dem Bericht des Postoberamtmanns N. mitgeteilt, der zugleich noch auf einen für die Gruppe Naujocks überraschenden Zwischenfall während der Sendung hinweist:

»Auf die Knackgeräusche bei den Umschaltungen wurde der Betriebsleiter des Rundfunksenders, der sich in seiner Wohnung befand, von seiner Frau aufmerksam gemacht. Er beobachtete den Empfang. Als nach einer kurzen Pause aus dem Lautsprecher ertönte: »Achtung! Hier ist Gleiwitz. Der Sender befindet sich in polnischer Hand . . .«, stürmte K. hemdärmlig aus der Wohnung ins Sendergebäude, riß die Tür zum Senderraum auf und sah dort fremde Männer hantieren. Einer legte die Pistole auf ihn an. K. schlug einen Haken, lief zur Tür hinaus in die Wohnung, rief das Überfallkommando an und verständigte den Amtsvorsteher des Fernsprechamts.

Vermutlich durch das Eingreifen von K. gestört, beendeten die Männer ihre Ansprache mit dem Ausruf in polnischer Sprache ›Hoch lebe Polen!‹ und verließen den Senderraum auf dem gleichen Wege, wie sie gekommen waren.«

Die Vermutung, daß das Erscheinen des Betriebsleiters K. einen vorzeitigen Rückzug der Gruppe Naujocks veranlaßt hätte, trifft nicht zu. Vielmehr näherte sich die Aktion gerade ihrem Ende. Hierzu Fedor J.:

»Mir ist noch gegenwärtig, daß plötzlich durch eine Türe ein Mann in den Raum treten wollte, uns dann dort bemerkte, und sofort wieder die Tür zuschlug. Dies war ziemlich zum Ende der Durchsage. Von Naujocks wurde auf das unvorhergesehene Erscheinen des Mannes nichts veranlaßt.«

Dieser sah nach seiner Zeitberechnung offensichtlich keine Gefahrenmomente mehr auf sich und seine Gruppe zukommen. Naujocks bemerkte dazu:

»Wir haben ungefähr 13 Minuten gebraucht bis zur Unterbrechung der Sendung. Die Sendung von uns dauerte dann etwa vier Minuten. Als sie geendet hatte, haben wir das Sendergebäude geräumt. Den Mann, der das Senderpersonal bewachte, habe ich abrufen lassen. Ich habe als letzter das Gebäude verlassen.«

Während im Sender die Aktion ablief, wurde Franz Honiok zum Sendergebäude geschafft und dort ermordet.

Kriminalsekretär Karl N. beobachtete nach der Anfahrt zum Sender den letzten Weg des Opfers.

»Vor uns im Feldweg stand die schwarze Limousine. Ich sah, wie der Inspektor und die beiden Zivilisten ausstiegen und nach rechts zum Sendergelände hin weggingen. Ich blieb im Wagen sitzen. Nach kurzer Zeit kam der Inspektor allein zu unserem Fahrzeug zurück und holte den Mann ab. Der Inspektor erklärte mir noch, bevor er den Mann aus dem Wagen heraushob, daß ich mit dem Fahrer nach Oppeln zur Dienststelle zurückfahren solle. Dann hob der Inspektor den Mann heraus. Der Mann konnte sich nicht mehr bewegen. Der Inspektor hatte ihn von hinten unter die Arme gefaßt und trug ihn so vor sich her zum Sendergelände. Ich glaube nicht, daß der Mann, als er von dem Inspektor aus dem Wagen gehoben wurde, tot war. Dies schließe ich daraus, daß der Mann, während der Inspektor ihn anhob und forttrug, gelegentlich noch den Kopf aufrichtete. Der Mann war meiner Meinung nach benommen.
Nachdem der Inspektor mit dem Mann verschwunden war, fuhren der Fahrer und ich nach Oppeln zurück. Auf der Rückfahrt setzte ich mich wieder neben den Fahrer.
Nach der Rückkehr hörte ich in Oppeln im Radio die Meldung, daß der Gleiwitzer Sender überfallen worden sei. Als ich dies hörte, dachte ich mir, daß dort von unserer Seite ›ein Ding gedreht worden‹ sei.«

Als die Gruppe Naujocks den Sender wieder verließ, war

die Leiche von Franz Honiok beim Seiteneingang des Senders niedergelegt. Fedor J. erinnerte sich:

»Wir sind aus derselben Tür wieder herausgegangen, in der wir ins Gebäude hineingegangen waren. Ich bin etwa als dritter oder vierter gegangen. Beim Verlassen des Gebäudes habe ich noch in dem Gebäude an der Tür einen Mann liegen gesehen, er lag leblos da, ob er tot war oder nicht, habe ich nicht festgestellt. Ich habe auch bei ihm keine Blutspuren entdeckt. Ich habe aber auch nicht lange hingesehen, sondern habe gemacht, daß ich aus dem Gebäude hinauskam.
Ich war nicht überrascht, die leblose Gestalt dort liegen zu sehen, da uns vorher bei der Einsatzbesprechung bereits gesagt worden ist, daß ein Toter beim Sender niedergelegt werden sollte.«

Möglicherweise sind Fedor J., da er den Sender eilig verließ, die Blutspuren entgangen. Naujocks stellte diese dann bei näherer Betrachtung fest. Nach seiner Erinnerung lag das Opfer jedoch unmittelbar vor dem Gebäudeeingang. Er berichtete:

»Nach dem Verlassen des Gebäudes, sah ich neben dem Eingang einen Mann liegen. Es war halbdunkel. Etwas vom Innenlicht strahlte nach draußen. Ich bin hingegangen und habe ihn mir angesehen. Sein Kopf war blutig, das ganze Gesicht blutverschmiert. Ob er noch gelebt hat, kann ich nicht sagen.
Ich hatte ja auch kaum Zeit, das genauer zu untersuchen. Außerdem verspürte ich auch keine Neigung, dieser widerlichen Sache nachzugehen.

Ich war froh, daß alles glattgegangen war. Mir kam es jetzt auf jede Minute an, vom Sendergelände wegzukommen, ohne daß wir in Schwierigkeiten gerieten. Die beiden anderen Leute, die den Mann in Empfang genommen hatten, haben mir später erzählt, daß ein Auto mit zwei Mann gekommen sei. Die Gestapo-Leute nannten das Stichwort und fragten: ›Wo ist der Eingang?‹ Und dort haben sie den Mann dann hingelegt. Dann sind sie wieder abgefahren.«

Kurz nachdem die Gruppe Naujocks den Sender verlassen hatte, befreite ein Beamter der dort eingesetzten Sicherheitspolizei die noch im Keller stehenden Gefesselten. Offensichtlich über den geplanten Überfall informiert, waren die Beamten der Sicherheitspolizei nicht in Erscheinung getreten, seitdem ihr Wachhabender im Keller zusammen mit dem Senderpersonal festgehalten wurde. Durch die polnische Durchsage im Rundfunk alarmiert, trafen wenig später auch die ersten Schutzpolizeibeamten des etwa 700 Meter vom Sender entfernten Polizeireviers 4 ein.
Zwei von ihnen haben die Leiche Honioks gesehen. Der damalige Hauptwachtmeister Julius F. berichtete:

»Ich öffnete aus Neugierde die rückwärtige – also zum Sendemast hinführende – Tür des Sendegebäudes und wollte den Senderaum betreten, wurde jedoch sofort von einem SD-Beamten, der eine Pistole in der Hand hatte, mit dem Vermerk hinausgewiesen, daß ich nichts im Raume zu suchen hätte. Dabei sah ich jedoch, daß zu seinen Füßen eine Person lag. Der

SD-Mann stand an der Kopfseite der Person, an der ich auf die Entfernung hin – es mögen etwa 15 bis 18 Meter gewesen sein – keine Verletzungen und auch kein Blut feststellen konnte.
Der Raum selbst war erleuchtet, so daß ich erkennen konnte, daß die Person schlechte Kleidung trug, so wie sie bei den Polen und armen Deutschen üblich war. Der Mann lag auf der rechten Seite und mit dem Gesicht zu der gegenüberliegenden Wand, so daß ich das Gesicht nicht sehen konnte. Er lag lang ausgestreckt und nicht etwa zusammengekrümmt.
Ich verließ nach der Aufforderung sofort wieder den Raum.«

Der Polizeimeister Max Sch., der die Leiche Franz Honioks aus einer näheren Entfernung sah, bemerkte dann auch eine Blutlache. Max Sch. bekundete:

»Im Sendegebäude waren alle Türen offen und kein Mensch war da außer uns Polizeibeamten. Als ich einen Blick in den Senderaum warf, lag dort eine Person in Hockstellung auf der Seite. Vor ihr befand sich eine Blutlache.
Ich sah den Toten etwa 10 Meter vor mir, d.h. halb links vor mir, an einer Schalttafel oder etwas ähnlichem liegen. Ich bin gleich weiter durchgegangen. Es handelte sich um einen Zivilisten.«

Die Angaben der Personen, die die Leiche Franz Honioks kurz nach dem Überfall gesehen haben, stimmen bis auf die Aussage von Naujocks darin überein, daß sich die

Leiche im Innern des Sendergebäudes befunden habe. Möglicherweise hat Naujocks sich in diesem Punkte geirrt oder die Leiche ist unmittelbar nach dem Überfall durch Sicherheitspolizisten vom Seiteneingang weg in das Gebäude gezogen worden.
Franz Honiok dürfte betäubt bis zum Seiteneingang des Sendergebäudes getragen und dann durch einen Schuß in den Kopf getötet worden sein. Hierauf lassen die Angaben von Naujocks über den blutverschmierten Kopf des Opfers und die beobachtete Blutlache schließen. Da die Tötung eines »Insurgenten« durch polizeiliche Abwehrkräfte möglichst echt vorgetäuscht werden sollte, mußte zur Ermordung eine Schußwaffe verwendet werden. Nach den gesamten Umständen ist Franz Honiok durch die Angehörigen des »Konservenkommandos« und nicht durch die beiden am Eingang zurückgelassenen Männer der Gruppe Naujocks umgebracht worden. Wenn dies beabsichtigt gewesen wäre, hätten die beiden Männer vorher ausgesucht und entsprechend eingewiesen werden müssen. Gerade damit aber wäre die streng beachtete Trennung zwischen »Einsatzkommando« und »Konservenkommando« aufgehoben gewesen. Für eine solche Ausnahme aber hat sich kein Hinweis ergeben.
Während die ersten Polizeibeamten des 4. Reviers zum Sender liefen, war das »Konservenkommando« längst verschwunden und auch Naujocks unbehelligt mit seiner Gruppe wieder davongefahren. Sie verbrachte die Nacht noch im Hotel – wahrscheinlich, um nicht durch einen Aufbruch in den Abendstunden unnötig Argwohn zu erwecken. Naujocks erstattete Vollzugsmeldung nach Berlin. Er berichtete:

»Und dabei gab es mächtigen Ärger mit Heydrich wegen der Sendung. Heydrich hat sie selbst gar nicht gehört. Er hatte in Berlin gesessen und Gleiwitz eingeschaltet. Aber er hatte nichts gehört, und die Aktionszeit war längst vorüber.
Es war nur ein schwacher Lokalsender, der das Programm des Breslauer Senders auf gleicher Frequenz ausstrahlte. Wer in Berlin auf Gleiwitz einschaltete, hörte Breslau.
Dies war uns nicht bekannt. Und als ich ihn anrief und sagte, es ist alles einwandfrei gelaufen, hat er mich angefahren: »Sie lügen, ich habe die ganze Zeit gewartet!«

Am Sender waren inzwischen unter Führung ihres Revieroberleutnants fünf weitere Schutzpolizeibeamte eingetroffen. Dort wurde ihnen von Beamten in Zivil bedeutet, daß die Gestapostelle Gleiwitz die Ermittlungen übernommen habe und von der Schutzpolizei nichts mehr zu veranlassen sei. Eine entsprechende Mitteilung erhielt auch die Kriminalpolizei in Gleiwitz. Der ehemalige Kriminalkommissar Waldemar K. teilte mit:

»Zur Zeit des Überfalls auf den Gleiwitzer Sender war ich Kommissar vom Dienst und befand mich in meiner Privatwohnung. Von der Kriminalwache aus bin ich von dem Überfall in Kenntnis gesetzt worden, worauf ich mich ins Polizeipräsidium begab, um eventuelle Maßnahmen anzuordnen. Im Polizeipräsidium wurde mir jedoch erklärt, von wem weiß ich heute nicht mehr, daß die Gestapo zuständigkeitshalber alle

Ermittlungen übernommen habe. Ich brauchte mich also um die Angelegenheit nicht mehr zu kümmern.«

Schutzpolizei und Kriminalpolizei sollten demnach bei den Ermittlungen am Sender ausgeschaltet werden. Die Gestapo traf unmittelbar nach dem Überfall bereits dort ein. Hieraus ergibt sich, daß dieser Einsatz bereits früher festgelegt und zeitlich mit dem Ablauf des Überfalles abgestimmt worden ist.
Die Gestapo hat dann auch die ersten Ermittlungen geführt. Der damalige Kriminalsekretär Arkadius S. vom Erkennungsdienst bei der Kriminalpolizei in Gleiwitz berichtete:

»Während meiner Dienstzeit in Gleiwitz, wo ich sowohl für die Kripo als auch für die Gestapo tätig war, erhielt ich eines Tages die Aufforderung, mich zur Abfahrt fertig zu machen, ohne daß man mir jedoch sagte, warum und wo man mich benötige.
Wer mich unterrichtete, kann ich heute nicht mehr sagen. Ich fuhr mit 2 oder 3 Mann in Zivil in einem Kraftwagen der Kraftfahrabteilung zum Sender Gleiwitz. Ich nehme an, daß es Gestapobeamte waren. Sie waren mir damals auch bekannt. Ich könnte nicht mehr den Tag benennen, an dem ich zum Sender fuhr. Ich erinnere mich lediglich, daß es abends und bereits dunkel war.
Als ich in den Senderaum kam, sah ich eine Schaltwand vor mir und links von dieser eine Person auf dem Fußboden liegen. Soweit ich mich noch erinnere, lag die Person, die offensichtlich tot war, mit der Brust

und dem Bauch nach unten und hatte den Kopf etwas zur Seite gedreht. Kleidung und Alter kann ich heute nicht mehr angeben. Neben dem Kopf befand sich eine Blutlache die offensichtlich aus einer Kopfverletzung herrührte. Am Körper habe ich keine Verletzungen oder Blutspuren gesehen.

Ich begann alsbald mit meiner Tätigkeit und machte zunächst eine Reihe – ich schätze es waren 10 bis 12 – Lichtbilder und zwar mit Blitzlicht. Ich fotografierte die Leiche von allen Seiten, aus der Nähe und auch aus einer gewissen Entfernung. Irgendwelche Anweisungen gab man mir dazu nicht. Anschließend untersuchte ich alle Gegenstände etc. nach Fingerabdrükken und fand auch mehrere, die ich dann nach Bestäubung abnahm.

Meine gesamte Tätigkeit im Senderaum erstreckte sich meiner heutigen Schätzung nach bestimmt über 2 Stunden. Zur Eile hat man mich nicht gemahnt. Ich kann auch nicht sagen, was später aus der Leiche geworden ist.

Nach unserer Rückkehr zum Präsidium übergab ich die gesicherten Fingerabdrücke dem Krim.-Inspektor F. Sofort danach begab ich mich ins Labor, um die Negative zu entwickeln. Nach etwa einer Stunde erhielt ich im Labor einen Anruf. Ich kann nicht sagen von wem. Man bedeutete mir, daß ich sofort aufhören und die Platten einpacken sollte. Ich sagte darauf, daß ich bereits einige Lichtbilder – ich berichtige – Negative fertig hätte, was auch tatsächlich der Fall war. Diese Negative waren, soweit ich feststellen konnte, ausgezeichnet geworden. Man blieb jedoch dabei, daß alles

einzupacken und zu übergeben sei, da das Material dringend nach Berlin gebracht werden müsse.
Wem ich dann die Negative und die Platten übergab, kann ich heute nicht mehr sagen.«

Die Erklärung, die man dem Erkennungsdienstbeamten S. über den Verbleib seiner Negative und Bilder gegeben hatte, traf zu. Der damalige Gestapobeamte Fritz H., der kurzzeitig nach Rauden kommandiert und in der Nacht zum 1.9.1939 nach Gleiwitz zurückgerufen worden war, erinnerte sich:

»Ich kam zur Nachtzeit – etwa gegen 22.00 Uhr – in Gleiwitz an. In der gleichen Nacht, etwa gegen 01.00 Uhr, wurde ich mit einem versiegelten Umschlag, in dem sich Bilder befanden, zum Flugplatz geschickt, da die Bilder sofort nach Berlin geschickt werden mußten.«

Für die Aufnahmen des Beamten vom Erkennungsdienst war zwischenzeitlich die Leiche des Franz Honiok im eigentlichen Senderaum niedergelegt worden. Danach gibt es keine konkreten Feststellungen mehr über ihren Verbleib. Lediglich der frühere Kriminalbeamte Waldemar K. aus Gleiwitz wußte noch zu berichten:

»Vom Hörensagen ist mir in Erinnerung, daß eine männliche Leiche nach dem erfolgten Überfall auf den Gleiwitzer Sender in die Leichenhalle des Pol.-Präsidiums eingeliefert worden sein soll.
Es wurde erzählt, daß unmittelbar nach dem Überfall ein Kommando des SD am Gleiwitzer Sender vorbei-

kam und sich ein Feuergefecht mit den Aufständischen lieferte. Dabei soll dieser fragliche Mann, der als Leiche ins Polizeipräsidium gebracht wurde, erschossen worden sein.«

Damit war das Geschehen am Sender Gleiwitz aber noch nicht abgeschlossen. Der damalige Kriminalbeamte bei der Gestapo-Außenstelle Gleiwitz, Bernhard M., berichtete:

»Eines Tages sagte man mir, ich solle mich anziehen und irgendwohin mitfahren. Erst als ich mich im Wagen befand, erfuhr ich, daß wir zum Sender fuhren. Es fuhren noch zwei andere mit. Unterwegs entnahm ich aus einem Gespräch, daß S. Aufnahmen gemacht habe, die jedoch nichts geworden wären. Von Leichen sprach man nicht. Man wußte von meiner fotografischen Vorbildung und wählte mich deshalb wohl aus. Wir fuhren unterwegs sehr schnell. Nachdem wir am Sender angekommen waren, öffnete jemand von innen. Ich vermute, daß man uns bereits erwartet hatte. Der Öffnende war ein älterer hagerer Mann in Zivil. Er führte uns in den Senderaum, doch kann ich nicht mehr sagen, ob wir zum Haupteingang hineingingen oder einen Nebeneingang benutzten.
Sofort nach meinem Eintritt in den Senderaum sah ich an einer Wand eine Vielzahl von Armaturen und einen großen Tisch im Raume stehen, auf dem sich ein Mikrophon befand. Vor dem Tisch lag mit weit ausgestreckten Armen eine Person auf dem Bauch und dem Gesicht nach unten. Sie hatte abgetragene Drillich-

kleidung an und könnte etwa 28 bis 32 Jahre alt gewesen sein.
Etwa 3 bis 4 Meter rechts seitlich vor dem Tisch lag eine zweite Person, die der ersten dem Äußeren nach glich. Auch sie lag auf dem Bauch mit weit ausgestreckten Armen und dem Gesicht zum Boden. Kleidung und Alter stimmten auch in etwa überein.
Auffallend war jedoch, daß keine Verletzungen oder Blutspuren sichtbar waren. Die Personen waren offensichtlich tot, ohne daß ich mich jedoch festlegen könnte, da ich sie mir nicht aus nächster Nähe angesehen habe. Ob die Totenstarre bereits eingetreten war kann ich nicht sagen, da sie auch von keiner der anderen Personen angefaßt wurden.
Ich machte zwei Aufnahmen – ob mit Blitzlicht, kann ich heute nicht mehr sagen –, auf denen sich jeweils beide Leichen befanden. Einzel- und Nahaufnahmen machte ich nicht. Ich hatte zudem den Eindruck, daß die Stapobeamten, die ich nicht kannte, es sehr eilig hatten. Geschlossen fuhren wir dann wieder zur Dienststelle zurück.
Ich kann mit ziemlicher Sicherheit sagen, daß ich am hellen Tage und nicht bei Dunkelheit zum Sender fuhr.
Bereits im Wagen vermutlich, hatte einer der Stapobeamten den Fotoapparat an sich genommen. Ich sah ihn jedenfalls nicht wieder.
Am gleichen Tage erfuhr ich noch, daß die von mir gemachten Aufnahmen bereits per Sonderflugzeug auf dem Wege nach Berlin seien.«

Offensichtlich waren die Aufnahmen des Erkennungsdienstbeamten S. von den Berliner Stellen nicht gebilligt worden. Sie waren wohl für Veröffentlichungen in der Presse oder in einem Weißbuch der Regierung gedacht und sollten daher insbesondere »erschossene Insurgenten« zeigen. Dies erklärt, daß wahrscheinlich bereits am Morgen nach dem Scheinüberfall zwei neue Opfer herangebracht und jeweils beide Leichen zusammen auf einer Aufnahme erfaßt worden sind.

Nach der Bekleidung der beiden Personen, die zudem auch keine Blutspuren aufwiesen, war Franz Honiok nicht darunter. Es handelte sich somit um zwei Häftlinge aus dem KZ Sachsenhausen, die nach Abschluß der Aktionen noch für die Aufnahmen ermordet worden sind. Die Opfer waren tot und nicht etwa nur betäubt. Von den drei nach Sachsenhausen zurückgekehrten Häftlingen sind keine Hinweise gegeben worden, wonach sie zeitweilig aus ihrer Gefängniszelle in Breslau weitertransportiert, an anderem Ort betäubt und wieder zurückgekehrt wären. Einen solch außergewöhnlichen Vorgang hätte zumindest einer der Häftlinge berichtet. Da im übrigen nicht auszuschließen war, daß bei zeitweiliger Betäubung ein Häftling trotzdem irgendwelche Aufschlüsse hätte gewinnen können, war dies für das »Konservenkommando« bei seinem skrupellosen Vorgehen bereits ausreichender Anlaß zur Tötung der Opfer.

Die Gestapo stellte aber nicht nur falsche Bilder vom »Tatort« her, sondern suchte auch durch Scheinermittlungen auf polnische Täterkreise hinzuweisen. Dies ergibt sich aus der Schilderung des bis Kriegsbeginn bei dem Ausbesserungswerk der Reichsbahn in Gleiwitz tätig gewesenen Polen Josef Ficek:

»Am 31. haben wir schon gemerkt, daß es schon wirklich soweit ist. Aber keiner damit gerechnet, daß man eingesperrt wird. Tags darauf komme ich in die Arbeit, so wie normalerweise, und $^{3}/_{4}$ 10 Uhr kommt eine Person zu mir, die dort bei uns tätig war, und hat gesagt: ›Herr Ficek, Sie sollen sofort ins Büro kommen.‹ Ich bin hingegangen, da sagte er: ›Herr Ficek, sind Sie so gut, ziehen Sie sich an und gehen Sie nach Hause, Sie sind fristlos entlassen.‹ – ›Kommt nicht in Frage, ich will wissen, für was. Ich habe doch nichts verbrochen.‹ – ›Sie wissen ganz genau, was Sie nachts gemacht haben.‹ – ›Wir haben nachts zu Hause geschlafen.‹ – ›Das ist nicht wahr. Herr Ficek, wenn Sie wollen gut nach Hause kommen, machen Sie uns keine Schwierigkeiten, sonst wird es mit Ihnen schlecht sein.‹ – Denn dort waren Leute gewesen, die gesagt haben: Ficek darf nicht aus der Fabrik lebend rauskommen. Dann ging ich nach Hause, aber natürlich auf Umwegen. Dauert nicht lange, geklopft, Gestapo. Schon packen sie mich. Hat mich die Gestapo eingesperrt, nicht wahr. Bei der Gestapo sagten sie mir: ›Herr Ficek, sehen Sie, Ihre Kollegen haben schon alle unterschrieben, daß sie teilgenommen haben an dem Anschlag auf den Sender Gleiwitz. Und Sie als einzelner, Sie wollen das nicht unterschreiben?‹ Jetzt ging es wieder los, nicht wahr. Sage ich: ›Sie können mit mir das tun, was Sie gerne möchten, unterschreiben werde ich nicht, weil ich von gar nichts weiß.‹ – ›Na, wir werden dich bei der frischen Tat erwischen!‹ – ›Bitte schön, Sie haben mich doch schon! Aber unterschreiben werde ich nicht, weil das nicht wahr ist.‹ – ›Sie werden unterschreiben!‹ – ›Nein!‹«

Josef Ficek hat nicht unterschrieben. Die Gestapo ist auch nicht mehr an ihn herangetreten. Ebensowenig wie Fotos in der Presse oder anderen Veröffentlichungen erschienen. Man wollte offenbar die Angelegenheit in Vergessenheit geraten lassen. So wäre es auch naheliegend gewesen, daß nach dem Überfall die Gestapo unter Hinweis auf die »Teilnahme« Franz Honioks in Hohenlieben noch Ermittlungen geführt und seine Familienangehörigen befragt hätte. Dies geschah nicht. Der Bruder von Franz Honiok hat berichtet, daß nach dem Verschwinden seines Bruders bei Kriegsbeginn Gerüchte umgegangen seien. Danach sollte Franz einmal von der Gestapo abgeholt worden sein und zum anderen aber auch in polnischer Uniform am Überfall auf den Sender teilgenommen haben. Später sei einmal der Landjägermeister M. gekommen und habe nach Franz gefragt. Diese wahrscheinlich gesteuerten Gerüchte wie auch die vorsichtige Anfrage des Landjägermeisters sollten offenbar bewirken, daß die Geschwister von Franz Honiok irgendwelche behördlichen Schritte wegen des vermißten Bruders unterließen. Dieser Zweck wurde auch erreicht.
Landjägermeister M:

> »Meines Wissens wurde keine Anzeige erstattet und an mich ist auch keiner herangetreten. Sie scheuten sich offensichtlich, zu uns zu kommen.«

So blieb das Schicksal Franz Honioks beinahe dreißig Jahre ungeklärt, bis schließlich eine Spur der Ermittlungen nach Hohenlieben führte.

2. Zollhaus Hochlinden

Wie der neue Plan es vorsah, wurde der Scheinüberfall auf das Zollhaus Hochlinden nunmehr in einem bedeutend kleineren Rahmen durchgeführt. Die »polnische Kompanie« hatte sich auf einen Zug von etwa sechzig Mann vermindert. Auch sollte die polnische Grenze nicht mehr überschritten werden.

Dadurch erübrigte sich auch die Frage, wie man mit einem polnischen Bauern verfahren sollte, dessen Hof in einem Grenzvorsprung zum Reichsgebiet hin lag. Der früher vorgesehene Anmarsch auf das polnische Zollhaus hätte das Hofgebiet berührt und möglicherweise den Bauern erkennen lassen, daß hier keine echten Polen in Aktion waren. In diesem Zusammenhang war nach den Erklärungen des Zuführers K. zeitweilig erwogen worden, den Bauern »zu liquidieren«.

In der Nacht vom 31. August zum 1. September 1939 wurde dann der Scheinüberfall durchgeführt. Wie beim ersten Alarm war örtlich alles abgesichert, das heißt das Zollhaus Hochlinden von den Zollbeamten mit ihren Familien geräumt, die Wehrmacht noch nicht in diesen Grenzraum vorgerückt und die Grenzwacht weiterhin von Hochlinden abgezogen.

Etwa zu der Stunde, als der zeitlich vorgezogene Scheinüberfall auf den Sender Gleiwitz bereits lief, erhielten die anderen Kommandos das Stichwort »Agathe« für die Auslösung ihrer Aktionen. Dabei stand der Zeitpunkt fest, zu dem nach Durchgabe des Stichwortes der jeweilige Scheinüberfall beginnen sollte. Sturmbannführer H., der anstelle von Hellwig nunmehr die »Polen« kommandierte, berichtete:

»Am Abend des 31.8., gegen 20.00 Uhr, kam dann wiederum der Alarmbefehl, den uns Dr. Trummler im Speisesaal des Schlosses übermittelte. Wir ließen uns diesmal aber mit der Abfahrt mehr Zeit bis gegen 23.00 Uhr, da wir auf Grund der Erfahrungen aus dem vorangegangenen Einsatz ein zu frühes Eintreffen am Einsatzort vermeiden wollten. Als Zeitpunkt für den Scheinangriff war 04.00 Uhr morgens angesetzt.«

Da keine besondere Eile geboten war, wurde diesmal die »polnische Gruppe« bereits in Ehrenforst umgekleidet. Josef Grzimek hat dazu bekundet:

»Wir zogen die zunächst wieder abgegebenen polnischen Uniformen an. Außerdem wurden nunmehr auch die Waffen an uns ausgegeben, die uns ebenfalls zunächst wieder abgenommen worden waren. Immer wieder wurden wir auch jetzt auf die Einhaltung unserer Schweigepflicht hingewiesen. Nach der Einkleidung wurden wir wieder auf die gleiche Waldschneise in der Nähe von Hochlinden gebracht, wo wir bereits schon einmal abgesetzt worden waren.«

Gegen Mitternacht besetzte das Kommando die vorgesehenen Ausgangspositionen. Dabei sah Sturmbannführer H., als die LKWs in die Waldschneise einbogen, erneut die schwarzen Limousinen. Er bemerkt:

»Es wiederholte sich dann das Geschehen wie am Abend des 25.8. Wiederum standen die schwarzen Limousinen am rechten Rand der Straße nach Hochlinden.«

Im Bereitstellungsraum wurden die Männer nochmals über ihre Aufgabe belehrt. Die in polnische Uniformen gekleideten SS-Leute sollten vom Walde her durch den Wiesengrund bis zum deutschen Zollhaus vordringen und es demolieren. Nach Angaben Trummlers war den SS-Leuten ihr Verhalten beim Überfall unter anderm wie folgt vorgeschrieben:

»Hier an Ort und Stelle gebe ich den von Berlin genauestens ausgearbeiteten Befehl folgenden Inhalts bekannt:
1) Ab sofort wird nur noch polnisch gesprochen. Es wird ausgeschwärmt und in geöffneter Ordnung vorgerückt. Hierbei werden deutschfeindliche Lieder und die polnische Nationalhymne gesungen. Es wird ferner ständig in polnischer Sprache auf Deutschland geschimpft. Es sind die Worte wie ›Hoch lebe Polen‹, ›Nieder mit den Germanen‹ zu gebrauchen. Bei diesem Vorrücken ist ständig in die Luft zu schießen.
2) Bei Erreichen des deutschen Zollhauses ist dieses vollständig zu zertrümmern und das gesamte Inventar zu zerschlagen. Die deutschen Beamten des vor uns liegenden Zollhauses sind von den Polen erschlagen worden. In dem Zollhaus selbst befindet sich nur noch ein Zivilist, der unbehelligt zu bleiben hat.«

Später erkannte Josef Grzimek in diesem Zivilisten »unzweifelhaft einen der SS-Unterführer wieder, die ich schon in Bernau gesehen hatte«.
Der Teil der SS-Leute, der in den grau-grünen Uniformen der Grenzpolizeischule Pretzsch den »polnischen Angriff« abwehren sollte, hielt sich bis zum Einsatz in Hochlinden auf. Dies ergibt sich aus der Schilderung von Valeska S., deren Eltern in Hochlinden eine Gaststätte besaßen.

> »Bei Kriegsausbruch war ich in der Gaststätte meiner Eltern tätig.
> Was die damaligen Ereignisse anbetrifft, so erinnere ich mich, daß unmittelbar vor Kriegsbeginn eine Schießerei an der Grenze stattfand. Es war bereits dunkel. Unser Haus befand sich etwa einen Kilometer von der Grenze entfernt.
> Kurz zuvor war ein Lkw mit Uniformierten – ich weiß nicht, ob es Soldaten oder Leute der SS waren – vorgefahren. Die Personen kamen in unsere Gastwirtschaft und hielten sich z.T. einige Zeit darin auf. Wir erhielten von ihnen die Weisung, die Räumlichkeiten nicht zu verlassen. Auch während der Schießerei hielten sich einige von ihnen bei uns auf. Ob ihr Aufenthalt bei uns einen bestimmten Grund hatte – z.B. beruhigend auf uns einzuwirken –, kann ich nicht sagen, doch hatte ich diesen Eindruck.«

Auch Trummler verblieb nach der Befehlsausgabe zunächst in Hochlinden.

»Ich selbst befand mich während des ganzen Einsatzes zunächst am Ausgang des Ortes Hochlinden.«

Der Scheinüberfall begann planmäßig um 04.00 Uhr. Hierzu Sturmbannführer H.:

»Etwa 20 Min. vorher lag ich mit meiner ›polnischen Gruppe‹ wiederum versteckt etwa 200 m vom Zollhaus entfernt. Wir arbeiteten uns dann lautlos kriechend oder gebückt gehend bis auf 100 m an das Zollhaus heran. Genau um 04.00 Uhr gab ich durch mehrere Pistolenschüsse in die Luft das Zeichen zum ›Angriff‹.
Mit einem großen Feuerzauber, d.h. Schüssen in die Luft, Gebrüll, Zurufen, Flüchen und Kommandos in polnischer Sprache, stürmten wir auf das Zollhaus los. Meiner Erinnerung nach haben wir mit scharfer Munition geschossen. Wir kamen bis auf 30 m an das Zollhaus heran, als aus diesem heraus vereinzelte Schüsse fielen. Am Zollhaus angelangt, wurden die Fensterscheiben zerschlagen, die Tür demoliert, ins Dach geschossen und ein großer Lärm inszeniert. Durch die Schüsse flogen die Pfannen vom Dach. In dem Zollhaus lag neben einem weiteren SS-Mann ein Polizeihauptmann, der auch von Berlin mit nach Ehrenforst gekommen war, Deckung suchend am Boden.
An seinen Namen erinnere ich mich aber nicht mehr. Dieser Polizeihauptmann rief mir zu: ›Hört auf zu schießen!‹ Ich ließ daraufhin das Feuer einstellen, worauf einige Männer in das Zollhaus eindrangen und das Innere mit Gewehrkolbenschlägen demolierten.«

Bei dem Mann, den H. neben dem Polizeihauptmann sah, dürfte es sich um den von Grzimek erkannten SS-Unterführer aus Bernau gehandelt haben. Grzimek berichtete noch zu dem Überfall:

»Da wir deutsches Eigentum vor uns hatten, konnten wir den Sinn der Befehlsgebung nicht ganz verstehen und zögerten mit dem Beginn der Demolierung der Einrichtung. Erst als die SS-Unterführer mit der Zerstörung begannen und uns immer wieder zum Mitwirken aufforderten, gingen auch wir an die Demolierung des gesamten Inventars heran. Auch die Türen und Fenster des Zollhauses wurden vollständig zertrümmert. Bei diesem Vernichtungswerk gingen auch einige von uns mitgeführte Karabiner in Trümmer. Wir durften das Zollhaus nicht eher verlassen, bis es im Innern restlos zerstört war. Die zertrümmerten Karabiner mußten von uns mitgenommen werden. Es fiel uns allen bereits beim Anmarsch auf das Zollhaus auf, daß auf polnischer Seite – etwa 200 bis 300 m von dem deutschen Zollhaus entfernt – völlige Ruhe herrschte. Aus einem Dorf, dessen Lichter wir deutlich erkennen konnten, hörten wir das Singen fröhlicher Lieder, Lachen und Sprechen.«

Der im deutschen Zollhaus von den »Angreifern« angetroffene Polizeihauptmann sowie der ihm beigegebene SS-Unterführer haben offenbar einige Schüsse abgegeben, um eine Verteidigung vorzutäuschen. Nach Angaben des Zugführers K. soll von den Verteidigern jedoch nur mit Platzpatronen geschossen worden sein.

Unbemerkt von der »polnischen Gruppe« waren kurz vor dem Scheinüberfall mehrere KZ-Häftlinge herangebracht und als »Konserven« beim Zollhaus niedergelegt worden. Josef Grzimek bemerkte sie:

> »Beim Verlassen des deutschen Zollhauses stolperten wir in der Dunkelheit. Ich bückte mich und sah mehrere Männer bewegungslos am Boden liegen, welche polnische Uniformstücke trugen und – was mir besonders aufgefallen ist – den Kopf kahl geschoren hatten. Als ich die leblosen Körper vor mir liegen sah, erschrak ich sehr und kniete mich nieder, weil ich glaubte, es handle sich um Kameraden von uns. Als ich einen von ihnen aufrichten wollte, stellte ich fest, daß er bereits vollkommen steif war. Das gleiche war bei einem weiteren der Fall. Wir glaubten zunächst, es seien einige Kameraden von uns durch unvorsichtiges Schießen ums Leben gekommen. Erst als wir antraten und keiner von uns fehlte, bekamen wir Zweifel. Offiziell haben wir über diese Angelegenheit nichts erfahren. Wir meinten aber, daß an dem Gesamteinsatz an dem Zollhaus noch weitere Männer beteiligt gewesen waren, die nicht zu unserem speziellen Kommando gehörten und Befehl erhalten hatten, sich den Kopf vollkommen scheren zu lassen. Wie diese Toten vor das Zollhaus geschafft worden waren, weiß ich nicht. Ich bemerkte aber in der Nähe des Zollhauses auf der Straße einen Lastkraftwagen, auf dem die Toten vermutlich dorthin geschafft worden waren.«

Von diesem Lastkraftwagen spricht auch Trummler, der

gleichfalls die Toten am Zollhaus liegen sah, als er mit den »Verteidigern« dort eintraf.

> »Bei meinem Eintreffen am Zollhaus war der Befehl im wesentlichen bereits durchgeführt. Dort lagen mehrere Tote in polnischer Uniform, die von einem Lastauto aufgeladen und abtransportiert wurden.«

Auch der »Gegenangriff« verlief planmäßig. Sturmbannführer H.:

> »Inzwischen waren die zum ›Gegenangriff‹ angetretenen Männer in der Uniform der Grenzpolizei herangekommen und nahmen uns ›gefangen‹. Wir wurden im Laufschritt durch den Ort Hochlinden zu den dort stehenden LKWs getrieben, nachdem wir unsere Waffen vorher fortgeworfen hatten. Dies sollte gegenüber der Bevölkerung den Eindruck erwecken, daß polnische Insurgenten festgenommen worden seien. Wir wurden sehr schnell auf die LKWs verladen. Dies mußte deshalb beschleunigt geschehen, weil wir aus dem Aufmarschraum der Wehrmacht verschwinden mußten, die von unserem Einsatz nichts erfahren durfte.«

H. der nach seinen Angaben die »Konserven« am Zollhaus selbst nicht gesehen hat, fuhr fort:

> »Die ›Konserven‹ müssen aber während unseres Scheinangriffes am Zollhaus gelegen haben, da später unter den SS-Männern hiervon die Rede war, die sich z. T. an Einzelheiten des Aussehens und der Unifor-

men der Opfer erinnern konnten. Es wurde in diesem Zusammenhang auch allgemein davon gesprochen, daß es sich bei den Opfern um KZ-Häftlinge aus Oranienburg gehandelt habe. Hierbei war man der Annahme, daß die KZ-Häftlinge Schwerverbrecher gewesen seien.

Ich erinnere mich, daß die SS-Männer meiner ›polnischen Gruppe‹ von Schußverletzungen an diesen Leichen gesprochen haben. Nach den Erzählungen der SS-Männer haben die Leichen Schußverletzungen in Brust und Rücken aufgewiesen.

Die Häftlinge müssen m. E. kurze Zeit, bevor man sie am Zollhaus niedergelegt hat, getötet worden sein, da es tagsüber hochsommerlich warm war und bei dieser Temperatur die Veränderungen an den Leichen so erheblich gewesen wären, daß es den SS-Männern hätte auffallen müssen, wenn die Leichen schon einige Tage alt gewesen wären. Etwas derartiges ist aber von keinem der SS-Männer berichtet worden.«

Nach diesen Schilderungen ist davon auszugehen, daß die KZ-Häftlinge in den schwarzen Limousinen bis in die Nähe von Hochlinden gebracht worden und kurz vor dem Scheinüberfall ermordet worden sind. Es waren hier insgesamt sechs Opfer, wie der weitere Geschehensablauf noch ausweisen wird.

Bei dem vorausgegangenen Alarm vom 25. August 1939 war das »Konservenkommando« noch so zeitig zurückgerufen worden, daß es damals nicht zu einer Tötung der Häftlinge kam. Es hätten sonst nämlich nicht nochmals sechs Opfer für eine neuerliche Mordaktion unmittelbar zur Verfügung gestanden, nachdem von den zehn bis zwölf Häftlingen aus dem KZ Sachsenhausen zwei noch für die neuen Fotoaufnahmen am Gleiwitzer Sender niedergelegt und drei weitere in das Lager zurückgebracht worden waren.

Die Häftlinge dürften ebenso wie Franz Honiok vorher betäubt worden sein. Auch sie wurden dann mit Schußwaffen getötet, wie dem Bericht von Sturmbannführer H. zu entnehmen ist. Hellwig hat später einmal mitgeteilt, was ihm zur Tötung der Häftlinge bekanntgeworden war. Danach habe man den Opfern vor dem Einsatz Injektionen gegeben, um sie bewußtlos zu machen. Alsdann seien sie zu dem Überfallort gebracht und dort durch einen Schuß getötet worden. Die beteiligten SD-Leute hätten Erfahrung darin gehabt, wie eine Leiche nach einem Kopf-, Lungen-, Bauch- oder Herzschuß liege. In bewußtlosem Zustand habe man die Häftlinge in diesen charakteristischen Stellungen erschossen. Um im übrigen die Täuschung für den Fall einer späteren Untersuchung vollständig zu machen, seien in die Uniformen dieser angeblich im Kampf gefallenen polnischen Soldaten echte Soldbücher, Kino- und Straßenbahnfahrkarten der Grenztruppen beziehungsweise Grenzorte gesteckt worden.

Ob in Hochlinden die Opfer beim Zollhaus oder schon früher erschossen und dann dort niedergelegt wurden, läßt sich nicht feststellen. Es ist anzunehmen, daß die schwarzen Limousinen nicht durch den Ort Hochlinden bis zum Zollhaus gefahren sind, da das zu auffällig gewesen wäre. Die Annahme von Grzimek, ein Lastkraftwagen habe die Toten herangeschafft, kann somit zutreffen.

Hiernach wären die Häftlinge dann wahrscheinlich in dem Waldstück erschossen worden, bei dem die Limousinen vor Hochlinden standen, um anschließend mit dem Lastkraftwagen zum Zollhaus gebracht zu werden. Dies würde auch erklären, warum von der »polnischen Gruppe« vor dem Überfall keine Schüsse beim Zollhaus gehört worden sind.

In der Nacht wurden – wie auch beim Sender Gleiwitz – noch Aufnahmen von den Leichen der Opfer gemacht. Hierzu der Zugführer K.:

> »Schließlich habe ich auch noch von dem Kommandoführer erfahren, daß von den Toten in der Nacht zuvor an Ort und Stelle im Gelände Blitzlichtaufnahmen gemacht worden sind, die nach Berlin gesandt worden seien.«

Nach der Erinnerung Hellwigs sollte mit den Fotografien ein Weißbuch der Regierung illustriert werden. Für die Aufnahmen stand nicht viel Zeit zur Verfügung, da in Kürze mit dem Einfall der Wehrmacht nach Polen auch über die Straße von Hochlinden nach Chwallentzitz zu rechnen war. Vom Zollhaus Hochlinden sind dann schon bald die Leichen mit dem Lastkraftwagen weggebracht worden.

Valeska S. erinnert sich in diesem Zusammenhang:

> »Kurz nach der Schießerei ging ich entweder mit meiner Mutter oder mit meiner Schwester vor die Tür. Es könnte sein, daß man uns herausgerufen hat. Vor dem Haus stand ein LKW. Von der Besatzung wurden wir

gefragt, wo sich der nächste Friedhof befinde. Auf unsere Antwort hin, daß sich dieser in Groß-Rauden befinde, wurde entgegnet, daß dies zu weit sei. Darauf fuhr der LKW in Richtung Groß-Rauden davon.«

Hier kamen im Morgengrauen die ersten Einheiten der Wehrmacht entgegen. Hierzu Trummler:

»Bei unserer Rückkehr nach Ehrenforst bemerkten wir bereits das Vorrücken deutscher Truppen.«

Wie es der geänderten Planung entsprach, überwachte der SS-Oberführer Müller den Einsatz Hochlinden. Hierzu Trummler:

»Bei der ganzen Aktion war hier als Oberleitung Müller mit einigen Herren seines Amtes in Zivil anwesend.«

Müller dürfte sich in einer PKW-Kolonne befunden haben, die unabhängig von den auf der Straße stehenden schwarzen Limousinen bei der »polnischen Gruppe« am Waldrand auftauchte. Der Zugführer K. erinnerte sich:

»Während wir am Waldrand lagerten, kam eine Pkw-Kolonne, die in der Nähe hielt. Es stiegen mehrere Personen aus, u.a. auch Schaefer, dessen Statur wegen seiner Größe sofort auffiel. Während er sich nach dem Aussteigen mit einigen anderen unterhielt, streifte sein Blick auch uns, d.h. S. und mich. Er kam, als er uns im Scheinwerferlicht erkannt hatte, sofort zu uns

und drückte sein Erstaunen darüber aus, uns zu sehen. Er drückte sich dabei sinngemäß aus:
»Nanu, Sie sind auch bei dem Haufen?«
Ich glaube sagen zu können, daß er ehrlich erstaunt war und uns nicht eine ›Komödie vorspielte‹. Nach einem kurzen Wortwechsel entfernte er sich wieder.«

Da Schaefer kein Kommando im Rahmen der Aktion Hochlinden hatte und trotzdem mit mehreren Personenkraftwagen vorfuhr, wird er wie bereits früher wegen seiner Ortskenntnisse herangezogen worden sein und Müller in den Einsatzraum begleitet haben. Dieser hat sich auch in der Nacht zum 1. September 1939 in Zivil dort aufgehalten und ist erst kurz vor Kriegsbeginn nach Berlin zurückgekehrt. Der in seinem Dienstbereich tätig gewesene damalige Kriminalangestellte Albert D. hat hierzu bekundet, daß Müller mit einem Fernschreiben aus Oppeln oder Breslau angeordnet habe, die Maschine des Chefs der Sicherheitspolizei auf Abruf startbereit zu halten. Hierauf sei Müller von dem mit Kriegsbeginn zu erwartenden Flugverbot in Kenntnis gesetzt worden. Albert D. fährt dann fort:

»Müller gab in seiner Antwort Anweisung, die Maschine habe so rechtzeitig loszufliegen, daß sie bis zum Eintritt der Flugverbotszeit wieder in Berlin sein könne. Aus Lust am Fliegen, bat ich um Mitnahme, was der Flugkapitän auch bewilligte. Die Abflugszeit und die voraussichtliche Ankunftszeit wurden Müller mitgeteilt. Nach der Ankunft auf dem Flugplatz in Oberschlesien rollte die Maschine mit laufenden Motoren aus. Kaum, daß die Maschine am Flugplatzgebäude zum Stillstand gekommen war, kamen Müller und ein höherer Wehrmachtsoffizier zur Maschine. Müller war über meine Anwesenheit sehr erstaunt und erbost. Er machte mir zunächst Vorhaltungen in der Maschine und später nach der Ankunft in Berlin. Er fragte mich, auf wessen Befehl ich mitgeflogen sei. Ich sagte ihm, daß das aus eigener Veranlassung erfolgt sei. Danach redete er einige Tage lang nicht mehr mit mir und ließ mich ›links liegen‹.

Müller war übrigens in Zivil. Er hatte einen kleinen Koffer bei sich und ein Paar Dienststiefel. Warum er Zivil- und Uniformkleidung, denn die befand sich mit Bestimmtheit im Koffer, mitführte, kann ich nicht sagen.

Seine Abwesenheit war uns überhaupt unerklärlich. Während er sonst immer hinterließ, wo er sich befinde, unterrichtete er uns diesmal nicht. Auch sein Wagen und Fahrer waren da. Ich kann also nicht sagen, wie er überhaupt nach Oberschlesien gekommen ist.

Auf den Flug nach Oberschlesien zurückkommend, möchte ich noch nachtragen, daß Müller derart erbost war, daß er mich vom Flugplatz aus zu Fuß nach Hause gehen ließ, was einen Fußmarsch von etwa einer halben Stunde bedeutete.«

Ob Müller bis zum Abschluß der Aktion in Hochlinden war oder sich nach seinem Abflug fernmündlich unterrichten ließ, bleibt offen. Jedenfalls machte er den Kommandoführern am nächsten Tag Vorwürfe. Hierzu Sturmbannführer H.:

»Dr. Trummler und ich mußten am 1.9. nach Berlin zur Berichterstattung zu Müller, der mit unserem Einsatz nicht zufrieden war. Er bemängelte, daß wir zuwenig Lärm und damit auch zuwenig Aufsehen erregt hätten.«

Von dem Einsatz Hochlinden nach Ehrenforst zurückgekehrt, hatte es für H. zunächst eine unliebsame Überraschung gegeben. Er berichtet:

»Nach unserer Rückkehr in unsere Quartiere sollten wir auf Anweisung von Dr. Trummler sofort auf die LKWs wieder verladen und nach der von Dr. Trummler mir gegenüber abgegebenen Erklärung zunächst aus Gründen der Geheimhaltung in ein KZ gebracht werden. Diese Erklärung Trummlers bezog sich nur auf die ›polnische Gruppe‹, denn er sagte zu mir: ›Sie und Ihr Haufen verschwinden sofort ins KZ.‹ Dem trat ich mit aller Entschiedenheit entgegen. Ich sagte, daß ich mich sofort telefonisch an Heydrich wenden und von diesem die gleiche Behandlung für mich und die Männer meiner Gruppe verlangen würde, wie sie auch die übrigen erführen. Auf mein Drängen hin führte Dr. Trummler dann ein Ferngespräch mit Müller, der dann wohl die Anweisung gegeben hat, daß wir dann beim Kommando bleiben sollten.«

Der nächste Morgen brachte für einen Teil der Männer einen makabren Auftrag. Er ist dem Zugführer K. daher besonders in Erinnerung geblieben:

»Am Vormittag des 1.9.1939, also am Tage nach unserem Einsatz, mußten wir auf dem Hofe des Schlosses Ehrenforst in Drillichzeug antreten. Auf dem Hofe standen 2 Lkws, die mit Planen geschlossen waren. Etwa 20 Mann, darunter auch ich, wurden abkommandiert und mußten auf einem der beiden Lkws, der uns näher bezeichnet worden war, aufsitzen. Auf dem Lkw lagen bereits Spaten. Was wir sollten, war uns nicht mitgeteilt worden. Als wir uns auf dem Lkw befanden, fuhren beide Lkws in Richtung Hochlinden ab. Kurz vor Hochlinden bogen die Lkws nach links in einen Wald ab. Nachdem wir auf dem Weg, in den wir eingebogen waren, etwa 200 m gefahren waren, hielten die Lkws an. Nachdem die Lkws angehalten hatten, wurde uns von unserem Kommandoführer mitgeteilt, daß wir 6 Leichen einzuscharren hätten. Diese Leichen bezeichnete er als Konserven. Als die Plane des Lkws, auf dem sich keine Leute von uns befunden hatten, geöffnet wurde, sah ich, daß sich auf diesem Fahrzeug 6 tote Männer befanden. Diese Männer trugen Zivil. 2 können allerdings auch einen Uniformrock angehabt haben. Die Gesichter dieser Männer waren entstellt. Sie sahen so aus, als habe man sie mit harten Gegenständen wie Äxten und Beilen geschlagen. Am Rumpf oder an den Gliedmaßen der Toten habe ich keine Verletzungen gesehen. Schußverletzungen habe ich bei den Toten auch nicht feststellen können. Ich nehme an, daß die Gesichter zerschmettert worden sind, damit man später nicht mehr feststellen konnte, um wen es sich im einzelnen bei den Toten gehandelt hat.

Als ich die schwer entstellten Leichen sah, habe ich den Kommandoführer gefragt, woher die Toten kämen. Ich habe dabei bemerkt, daß wir bei dem vorgetäuschten Überfall an der deutsch-polnischen Grenze niemand erschossen hätten. Der Kommandoführer sagte mir daraufhin, ich solle mir keine Sorgen machen. Bei den Toten handele es sich um KZ-ler, die aus Oranienburg gebracht worden seien. Er teilte mir ferner mit, daß man die 6 Toten lebend aus Oranienburg gebracht habe und sie an der deutsch-polnischen Grenze bei Hochlinden liquidiert und im Gelände verteilt habe.

Wir haben die 6 Toten etwa 20 bis 30 m von dem Standpunkt der Lkws entfernt eingegraben und den Platz anschließend mit herumliegendem Reisig bedeckt. Bei dem Eingraben der Toten ist der Platz im Wald mit Posten abgesichert worden. Ich wäre heute noch in der Lage, an Ort und Stelle den Punkt zu bezeichnen, wo die Toten verscharrt worden sind.«

Die Vermutung von K., daß man die Gesichter der Opfer unkenntlich machen wollte, dürfte zutreffen. Die Leichen der Häftlinge sind offenbar zunächst auf dem Lkw verblieben, der vor der Gaststätte in Hochlinden nochmals kurz angehalten hatte. Wenn hier von dem Transportführer nach dem nächsten Friedhof gefragt wurde, so haben ersichtlich keine klaren Anweisungen darüber vorgelegen, was nach dem Scheinüberfall mit den Leichen geschehen sollte. Später gab es wegen der im Wald vergrabenen Leichen Schwierigkeiten. Der damalige Leiter der Stapostelle Oppeln, Dr. D., teilte hierzu mit:

»Über die außerhalb Gleiwitz bestatteten Leichen ist es nach meiner Erinnerung nach aufgrund von Beschwerden eines Ortsbürgermeisters oder der Polizei zu Schwierigkeiten gekommen. In diesem Falle ist, wie ich aus den Vorgängen ersehen habe, das RSHA verständigt worden, das dann seinerseits die Angelegenheit erledigt hat. In welcher Form diese Erledigung geschah, kann ich heute nicht mehr sagen. Die Stapostelle Oppeln war mit dieser Angelegenheit nicht befaßt.«

Ebenso wie in Gleiwitz wurden nach dem Überfall auch in Hochlinden Scheinermittlungen geführt. Dr. D. erinnert sich, daß die örtlichen Stellen sich aus den Erhebungen »heraushalten sollten und eine Berliner Sonderkommission die Ermittlungen führen würde«. Der damals bei dem Polizeipräsidenten in Oppeln tätig gewesene Kriminalbeamte Paul K. weiß zu berichten:

»Die Beschießung des Zollhauses bei Hochlinden ist mir bekannt, weil ich bei Ermittlungen in dieser Sache durch eine Kommission aus Berlin, bestehend aus Kriminal- und Staatspolizei, als Dolmetscher hinzugezogen wurde. Leiter der Krim.-Polizei war der damalige Reichskriminaldirektor Nebe. Während sich die Kriminalbeamten überwiegend mit der Fertigung von Zeichnungen befaßten, haben die Beamten des RSHA eine Menge Personen vernommen, um Aussagen zu gewinnen, ob sie Personengruppen an der Grenze vorbeiziehen sahen. Diese Personen sind auf polnischer Seite entlang der Grenze bis in Höhe des Zollhauses gezogen und sollen dann das Feuer eröffnet haben. Ich habe als Dolmetscher lediglich die Fragen eines Kriminalrates in polnischer Sprache an die zu Vernehmenden gerichtet und deren Antworten wiederum ins Deutsche übersetzt.

Ich selbst habe im Verlaufe der Vernehmungen die Überzeugung gewonnen, daß die angeblichen polnischen Insurgenten eine gestellte Sache waren.

Die Ermittlungen in Hochlinden dauerten etwa 3 Tage. Nach Abschluß der Ermittlungen habe ich erfahren, daß auf dem Wiesengelände gegenüber dem Zollhaus Banditen erschossen worden sind.

Auch habe ich erfahren, daß die Zollbeamten mit ihren Familien am Tage vor dem Überfall das Haus verlassen haben und im Orte selbst einquartiert waren. Auf wessen Veranlassung die Zöllnerfamilien das Zollhaus verlassen haben, weiß ich nicht. Aus diesem Grund gab es im Zollhaus auch keine Verletzten und Toten trotz der starken Beschießung.«

Arthur Nebe wurde am 2.3.1945 in Berlin-Plötzensee wegen Widerstandes gegen Hitler hingerichtet.

Das »Ergebnis« seiner über den Scheinüberfall bei Hochlinden geführten Erhebungen ist nie veröffentlicht worden. Auch insoweit sollte das Geschehen offensichtlich nicht mehr die Bevölkerung und insbesondere nicht die Auslandspresse beschäftigen. Rückfragen und Recherchen hätten zu der auch von Paul K. getroffenen Feststellung führen können, daß es »eine gestellte Sache war«.

Während in Hochlinden noch eifrig ermittelt wurde, rückte das Kommando aus Ehrenforst ab.

Wo das »Konservenkommando« vor dem Einsatz Hochlinden stationiert war, konnte nicht festgestellt werden. Mit dem 1. September 1939 wurde es nicht mehr benötigt, so daß die einzelnen SS- und SD-Männer in ihre früheren Dienstbereiche zurückgekehrt sein werden. Dieser Personenkreis, der etwa 15 bis 20 Männer umfaßt haben dürfte, ließ sich nicht mehr aufschlüsseln. Hierzu hat zunächst die scharfe Trennung zwischen dem Einsatzkommando und dem »Konservenkommando« beigetragen, die die Ansatzpunkte für Erhebungen einschränkte. Auch dürften mehrere Personen dieses kleinen Kreises inzwischen gestorben sein. Darüber hinaus ist aber auch nicht auszuschließen, daß ein Teil dieser Männer während des Krieges noch gezielt zu gefahrvollen Einsätzen – insbesondere im Frontbereich – herangezogen worden sein und dabei den Tod gefunden haben kann.
Als unmittelbare Mitwisser einer Mordaktion, die – einmal aufgedeckt – die NS-Staatsführung in der Weltöffentlichkeit erheblich belasten mußte, stellten die SS- und SD-Leute für die Initiatoren Hitler, Himmler, Heydrich und Müller ein besonderes Risiko dar. Wenn schon die »polnische Gruppe« nach dem Einsatz in Hochlinden zunächst in ein Konzentrationslager verbracht werden sollte, konnten sich die Verantwortlichen für die Morde auch veranlaßt sehen, sich des »Konservenkommandos« zu entledigen.
Die Frage, ob die als angebliche polnische Insurgenten in Hochlinden getöteten Häftlinge jeweils durch einen Arzt vorher die betäubende Spritze erhalten haben, ist ungeklärt geblieben. Wie das Vorgehen des SS-Hauptsturm-

führers bei Franz Honiok annehmen läßt, war für die Injektion ein Arzt nicht erforderlich. Von den SS-Ärzten, die im SS- und SD-Bereich, insbesondere aber auch aus der Umgebung Müllers für eine Mitwirkung bei der Ermordung der Opfer in Betracht zu ziehen waren, hatten sich letztlich die Erhebungen auf einen Arzt konzentriert der jedoch, wie sich ergab, bereits 1943 im Osten gestorben ist.

3. Forsthaus Pitschen

Der Scheinüberfall auf das Forsthaus Pitschen lief planmäßig ab. Da an diesem Überfallort keine ermordeten Häftlinge niedergelegt werden sollten und auch das Forsthaus abseits des Ortes einsam gelegen war, stellten sich keine besonderen organisatorischen Probleme. Nach Mitteilung der früheren Wirtsleute des Gasthofes, in dem das Kommando untergebracht war, erschien dort am Abend des 31. Augusts 1939 gegen 19.00 Uhr ein »Zivilist«, der ein Zimmer verlangte und dort die Uniform eines hohen SS-Führers anzog. Es dürfte Dr. Rasch gewesen sein. Er befahl dem Kommando, sich zum Abmarsch bereit zu machen. Die Wirtsleute und das Personal mußten die Küche und alle anderen nach der Hofseite liegenden Zimmer verlassen, bis die Mannschaften verladen waren. Vor der Abfahrt bestellte der Kommandoführer noch 40 Liter Tee mit Rum für 22.00 Uhr, und das Kommando fuhr davon.

Aus dem Bereitstellungsraum zog der in »Räuberzivil« gekleidete Trupp laut polnisch redend und singend durch den Wald zum Forsthaus. Ein Fuhrmann, der sich beim Holzabfahren verspätet hatte, hörte die Gruppe und geriet in Angst und Schrecken. Am Forsthaus angekommen, wurde wild in die Luft geschossen. Nach Angabe des als Fahrer dem Kommando zugeteilten Wilhelm K. »war die Anzahl der Patronen festgelegt«. Ein paar Kugeln trafen das Forsthaus. Mehlhorn hat später von Rasch erfahren, daß »die Küche im Forsthaus zerstört und dort ein halber Eimer Ochsenblut verschmiert worden war«. Außerdem täuschte das Kommando Rasch noch ein Opfer vor. Beim Morgengrauen wurde in der Nähe des Forsthauses festgestellt, daß dort ein Grab aufgeschüttet war. Als man später nachgrub, fand sich darin nur Gerümpel. Noch bevor der inzwischen durch einen Telefonanruf alarmierte Bürgermeister von Pitschen Gegenmaßnahmen veranlassen konnte, war das Kommando verschwunden.

Pünktlich gegen 22.00 Uhr waren alle wieder in der Gastwirtschaft. Bei Tee mit Rum hielt der Kommandoführer eine Ansprache. In Anwesenheit des Bedienungspersonals und der Wirtsleute stellte er das Kommando als Verteidiger der Heimat dar. Dann feierte er den ersten Sieg gegen Polen und bedauerte zugleich den Verlust eines Mannes. Hiermit sollte offensichtlich für die Bevölkerung das Grab erklärt werden, das sich dann später als Scheingrab erwies.

Danach fuhr das Kommando ab.

Inzwischen hatte die Grenzaufsichtsstelle Sandhäuser von dem Überfall Kenntnis erhalten. Zollbeamte, Grenzpolizisten und Hilfszöllner durchkämmten daraufhin den Pitschener Stadtwald, ohne etwas Verdächtiges wahrzunehmen. Scheinermittlungen wie in Gleiwitz und Hochlinden sind in Pitschen nicht geführt worden. Dazu gab dieser Scheinüberfall nach den gesamten Umständen zu wenig her. Das Unternehmen war, wie Rasch es gegenüber Mehlhorn ausdrückte, »völlig harmlos verlaufen«.

4. Der Abschluß

Die Kommandos von Hochlinden und Pitschen kamen nach Bernau zurück und wurden dort entlassen. Das Kommando Hochlinden wurde zuvor, wie Sturmbannführer H. mitteilt, »nochmals eingehend zur Geheimhaltung angehalten unter gleichzeitiger Androhung schwerster Strafen«. In Bernau erhielten die Männer über ihren Sold eine Zahlungsanweisung. Gleichzeitig sollen ihnen, wie der Zugführer K. angegeben hat, »für das gute Gelingen noch Auszeichnungen und später nach Kriegsende eine Geldprämie« versprochen worden sein. »Dies habe der Führer gesagt.« Trummler hat bei seiner Vernehmung in Dachau dazu erklärt:

> »Müller und die Führer des Einsatzes erhielten später dafür militärische Auszeichnungen. Auch die Männer sollten später Auszeichnungen erhalten. Es sind jedoch nur wenige damit bedacht worden.«

Schriftliche Unterlagen über das »Unternehmen Tannenberg« aus dem SS- und SD-Bereich sind nicht mehr vorhanden. Vera G., die bei der Stapostelle Oppeln als Stenotypistin beschäftigt war, hat bekundet:

> »Meine Tätigkeit bei Dr. D. umfaßte u. a. auch die Bearbeitung von Verschlußsachen. Ich hatte auch Zugang zum Panzerschrank. Darin befand sich jedoch ein

Fach, zu dem ich keinen Schlüssel besaß. In diesem Fach lag, wie ich gelegentlich bemerken konnte, ein besonders verschnürtes Aktenpaket, das nach meiner Erinnerung sehr wichtige Geheimvorgänge enthielt, die einmal bei der Staatspolizeistelle Oppeln angefallen sein mußten. Dieses Paket hat Dr. D., als er die Dienststelle in Oppeln verließ, nach Berlin gesandt.«

Hierzu Dr. D.:

»Bei dem Aktenpaket kann es sich nach meiner Erinnerung um die Vorgänge gehandelt haben, die bei unserer Dienststelle in Oppeln im Zusammenhang mit den Grenzzwischenfällen angefallen waren. Den gesamten Vorgang habe ich später nach Berlin gesandt.«

Dort dürften die Unterlagen dann vernichtet worden sein, oder sie sind später durch Kriegseinwirkungen verlorengegangen.
Von den maßgeblich für die Scheinüberfälle und die Tötung der Häftlinge Verantwortlichen ist nur das Schicksal des Gestapochefs Heinrich Müller ungeklärt. Während des Krieges war er als Amtschef IV im RSHA schließlich SS-Gruppenführer und Generalleutnant der Polizei. Müller wurde zuletzt wenige Tage vor dem Fall Berlins im April 1945 auf dem Balkon des Hauses an der Kurfürstenstraße in Berlin gesehen, in dem das Eichmann-Referat untergebracht war. Danach verliert sich seine Spur. Laut Sterbeurkunde des Standesamtes Berlin-Mitte (Nr. 11706/45) soll Müller gestorben sein. Jedoch ist es zweifelhaft, ob er tatsächlich bei Kriegsende

den Tod gefunden hat. Bei der Öffnung des Grabes, in dem nach der Aufschrift auf dem Grabstein Heinrich Müller bestattet worden sein soll, wurden lediglich Knochenreste gefunden, die nach den Umständen nicht von Müller stammen konnten. Nach dem Kriege gingen insbesondere aus dem Ausland wiederholt Hinweise auf seinen etwaigen Aufenthalt ein. Sie haben keine konkreten Aufschlüsse erbracht. Ob Müller, der am 28. April 1900 geboren wurde, überhaupt noch lebt, ist außerdem zweifelhaft. So werden an diese Schlüsselfigur des damaligen Geschehens wahrscheinlich auch keine Fragen mehr gestellt werden können und damit einige Einzelheiten des »Unternehmens Tannenberg« für immer unaufgeklärt bleiben.

Nachwort

Rückblickend betrachtet, entfalteten die Scheinüberfälle in der Öffentlichkeit nicht die Wirkung, die die Initiatoren sich zuvor davon versprochen hatten. Abgesehen davon, daß sie eine Kriegsbereitschaft des deutschen Volkes nicht zu wecken vermochten, mußte ihre Wirkung dem Ausland gegenüber auch zwangsläufig gering bleiben, da sich der Kriegsbeginn unmittelbar anschloß. So wurde denn auch lediglich der Überfall auf den Sender Gleiwitz propagandistisch intensiv ausgewertet. Demgegenüber trat bereits der Überfall auf das Zollhaus Hochlinden weitgehend zurück, obwohl gerade diese Aktion besonders gründlich und personell mit großem Aufwand vorbereitet und durchgeführt worden war. Der Überfall auf das Forsthaus Pitschen war schließlich fast nur noch ein Randgeschehen. Unabhängig von der propagandistischen Seite sollten die Scheinüberfälle gleichwohl den Beweis für militärische Angriffe der Polen liefern, die über Einzelaktionen hinausgingen. Hitler boten sie jedenfalls genügenden äußeren Anlaß, den Krieg gegen Polen unmittelbar danach zu beginnen. Wenn Hitler darüber hinaus noch erwartet haben sollte, die Scheinangriffe könnten England und Frankreich veranlassen, ihre Beistandsverpflichtungen gegenüber Polen nicht zu erfüllen, so wurde er bereits zwei Tage später eines Besseren belehrt.

Wenn auch unter dem Eindruck der nachfolgenden

Kriegsereignisse das Geschehen in der Nacht vom 31. August zum 1. September 1939 zunächst völlig aus dem Blickfeld der Öffentlichkeit gerückt war und erst jetzt weitgehend aufgeklärt ist, so beweist es uns heute doch die verbrecherische Skrupellosigkeit der damaligen nationalsozialistischen Staatsführung. Die Ermordung argloser Häftlinge stand nicht am Anfang und war auch nicht das Ende vieler gleichartiger und noch schwererer Verbrechen. Doch wird sich mit dem Begriff »Aktion Konservendose« immer die Erinnerung an einen die Menschenwürde und das menschliche Leben verachtenden Zynismus verbinden. Solcher Geisteshaltung stets entgegenzutreten, soll auch dieses Buch mahnen.

Inhaltsverzeichnis

Karten und Bilder

eingezeichnet Linie zeigt den Weg der Gruppe Naujocks, der Kreis markiert die Stelle, an der Franz Honioks Leiche lag)

Die Gastwirtschaft Jarzombek in Hohenlieben

Zeitgeschichte in Biografien und Dokumenten

Alun Chalfont
MONTGOMERY
Rommels Gegenspieler
407 Seiten mit 16 Fotos und 10 Karten, Leinen

Waldemar Erfurth
DER FINNISCHE KRIEG 1941–1944
Authentische Aufzeichnungen aus dem finnischen Hauptquartier
327 Seiten mit 29 Fotos, Leinen

Paul Ettighoffer
VERDUN
Das große Gericht
320 Seiten mit 24 Fotos, Leinen

Günter Fraschka
MIT SCHWERTERN UND BRILLANTEN
Die Träger der höchsten deutschen Tapferkeitsauszeichnung
336 Seiten mit 93 Fotos, Leinen

Alfred Hein
EINE KOMPANIE SOLDATEN
In der Hölle von Verdun
368 Seiten, Leinen

LIMES VERLAG